# POURQUOI LES CHEVAUX NOUS FONT TANT DE BIEN

**Du même auteur**

*Au pays des chevaux*, Éditions Milan, 2005.
*L'Homme et le cheval*, Éditions Milan, 2006.
*Chevaux*, Éditions White Star, 2007.
*L'Encyclopédie du cheval et du poney*, Éditions Milan, 2008.

AGNÈS GALLETIER

# POURQUOI LES CHEVAUX NOUS FONT TANT DE BIEN

éditions du ROCHER

CHEVAL
CHEVAUX

*collection dirigée par*
*Jean-Louis Gouraud*


ISBN : 978-2-268-07037-7

*À Câline et Balthazar,*
*en remerciement pour tout le bien qu'ils m'ont fait.*

# Introduction

Tout au long de ma vie, le cheval a représenté pour moi un mystère. Mystère parce que l'attirance ressentie instinctivement pour cet animal date de ma plus tendre enfance et ne semble s'enraciner dans aucune culture familiale, aucun lien que mon environnement aurait pu favoriser. Tout bébé, je babillais joyeusement dès qu'un équidé passait devant mes yeux. Petite fille, je parcourais des distances impressionnantes sur un minuscule vélo afin de rendre visite à mes amis chevaux répartis dans la campagne. Je passais de longues journées en leur compagnie, les caressant, leur parlant, marchant à leurs côtés. Je me plaquais contre leur corps immense, le nez dans leurs poils, les doigts emmêlés dans la crinière, écoutant leur cœur et leurs entrailles pendant qu'ils soufflaient délicatement dans mon cou. Le soir venu, rejoignant à contrecœur le monde des humains, je veillais à garder sur mes mains et mes vêtements l'odeur acide et puissante de mes compagnons. En guise de chemise de nuit, mes vêtements couverts de poils et de poussière m'apportaient l'apaisement nécessaire à l'endormissement.

À l'aube de mon adolescente, un déménagement en ville rompit les liens avec ma famille équine. La frustration était telle que la rencontre furtive, accidentelle du moindre équidé, réveillait en moi une vive douleur, une tristesse inconsolable. Je me trouvais arrachée aux miens, à une source de bonheur et d'équilibre que je sentais capitale à mon développement d'enfant. Je n'avais alors pas véritablement conscience de ma solitude et de mon manque de repère auprès des hommes, ni de ce que je recherchais auprès des chevaux. Je me sentais seulement aimantée par leur présence et trouvais en leur compagnie un apaisement, le sentiment de pouvoir être véritablement moi-même.

J'ai grandi sans les chevaux, avec ce vide au cœur et une enclume au ventre. Il était évident pour moi qu'une fois libre de mon destin, celui-ci serait intimement lié à cet animal. Pour mes 26 ans, la vie me fit cadeau d'un petit cheval barbe nommé Balthazar. Ce n'est que des années plus tard que j'appris la signification de ce nom : « don de Dieu ». Pourtant, dès notre rencontre, j'ai perçu intuitivement que ma vie serait « divinement » bouleversée. J'allais au-devant de lui pour réaliser mon rêve d'enfant, panser mes blessures de jeunesse et c'est en fait, à mon insu, le cheminement d'un adulte que j'allais enfin commencer à ses côtés. Cheval revanche, cheval réparateur, cheval de bataille, Balthazar allait progressivement m'amener sur un chemin de paix.

Il m'a tout d'abord rendu l'enchantement perdu. Du haut de ses 4 ans, tout juste sorti de son élevage natal, il regardait le monde de ses grands yeux innocents, découvrait les paysages avec étonnement, faisait connaissance avec les autres animaux, explorait goulûment la relation à l'humain. Nous partions tous deux jusque dans les entrailles de la forêt, nous laissant envoûter par la magie des arches de branches et la lumière qui passait à travers elles comme par le filtre d'un vitrail. Puis notre recueillement cessait pour laisser éclater la joie de galoper furieusement sur l'herbe tendre des chemins de campagne. Au crépuscule, nous rentrions crottés et heureux dans la douce chaleur des écuries. Du haut de mon cheval, la vie était belle, vibrante, merveilleuse, enchanteresse. Ma force vitale pouvait s'épanouir, s'affirmer pour prendre toute la place. La confiance en l'avenir reprenait elle aussi du sens. La vie m'avait fait le cadeau merveilleux, tant espéré, d'un cheval. Elle pouvait donc me réserver d'autres bonheurs, tout aussi grands, tout aussi fous. Les rêves n'étaient plus tristes ou résignés, mais enthousiastes et confiants.

M'ayant ouvert les portes de la joie et de la confiance, Balthazar m'ouvrit aussi à moi-même. Il savait me faire revenir au temps présent, à ce qui se passe ici et maintenant, pour mieux ressentir ma juste place et mes désirs. Pas ce que l'on attendait de moi ou qui pouvait me rassurer quelque temps. Auprès de lui, j'ai trouvé les véritables réponses à mes questions existentielles, identifié mes valeurs profondes, cerné mes priorités. Les grandes décisions, les grandes orientations de ma vie se sont prises sur son dos ou en marchant à ses côtés. Auprès de mon cheval, je pouvais me relier à mon être le plus profond, le plus fondamental, celui qui, ne s'embarrassant pas du parasitage mental ou émotionnel, cerne les véritables enjeux et en déduit les réponses appropriées.

Malgré tout ces bienfaits évidents, je n'étais pas encore consciente de ce qui se produisait en moi pendant ces longues heures en compagnie de Balthazar. Je sentais simplement que je rentrais apaisée, détendue, clairvoyante et déterminée dans mes choix. Je constatais que les lundis, après un week-end sans lui, me semblaient plus lourds. Que mon humeur était moins radieuse, mes songes plus soucieux. Je me disais souvent « cela me fait du bien d'aller monter à cheval », sans y chercher plus de sens. Je me nourrissais, me remplissais de cette relation, émerveillée de pouvoir partager avec ce grand animal, toute la complicité, l'affection, l'écoute mutuelle dont j'avais été privée si longtemps. Mais je n'étais pas encore prête à me demander pourquoi ni comment cette relation prenait une telle importance dans ma vie et pouvait même la diriger à ce point. Peut-être avais-je peur de rompre la magie, le charme qui opérait, comme ça l'air de rien, entre promenades en forêt et longues séances de pansage aux écuries.

Il m'a fallu découvrir la place qu'occupait le cheval dans d'autres vies, chez d'autres cavaliers, pour réaliser que mon secret, mon ressenti le plus intime et le plus enfoui était de fait partagé par bien d'autres amoureux de la gent équine. Une fois rassasiée, comblée par la bulle de tendresse et d'abandon créée dans la relation à Balthazar, je pouvais enfin ouvrir les yeux sur ce qui nous entourait. Je remarquais alors, avec beaucoup d'amusement, toutes les bulles qu'entretenaient les autres cavaliers avec leurs montures. Tout en sellant ou longeant, j'observais la timide qui ne parle qu'à son cheval, le brutal qui s'adoucit, le nerveux qui s'apaise, le directif amené à plus de diplomatie. Manifestement, ce qui me faisait du bien avec le cheval ne m'était pas propre et semblait tout aussi efficace auprès d'autres, aux profils et aux attentes pourtant si différents. Ce constat changea mon regard sur les chevaux. Quel pouvoir possédaient donc ces magiciens pour donner tant de bonheur aux hommes et les bonifier ainsi ? Quel rôle d'accompagnateur jouait « la plus belle conquête de l'homme », auprès de qui et pourquoi ?

Plus Balthazar m'adoucissait, polissait mon caractère, plus je pouvais porter un regard attendri sur les autres humains en rééducation – consciente ou inconsciente – auprès de leurs chevaux. Et plus aussi je tentais de rapprocher du cheval des êtres qui pourraient trouver secours auprès de lui. Tel bébé agité et nerveux que je mettais en selle contre mon ventre s'apaisait, se détendait totalement aux bercements du pas de Balthazar. Tel adolescent violent et révolté redécouvrait des gestes doux et contenus pour s'occuper de mon cheval. Et quelle émotion lorsque j'ai ressenti, au-delà du mot, ce qu'évoque l'équithérapie. Tant de caresses et de baisers à bras-le-corps, tant de sourires retrouvés, tant de larmes qui parviennent à sortir, tant de gestes apprivoisés, tant d'exploits d'équilibre et de coordination pour des corps si malmenés et affaiblis par la maladie. Autant de petits et grands miracles pour et par l'amour du cheval !

Pendant de longues années, j'ai échafaudé des théories sur ces bienfaits, tenté d'en circonscrire les applications, d'en identifier les cheminements. Plus j'avance dans cette enquête, plus j'obtiens de réponses. Mais aussi plus je découvre des ouvertures vers d'autres questions, plus profondes encore. Oui, le cheval est un mystère, tant pour moi que pour tous les hommes. Je pense qu'il est, à l'image de Balthazar, « un don de Dieu » fait à l'humain, une créature dont la présence et l'accompagnement modèlent son cavalier tout comme elle a modifié, influencé l'histoire de l'humanité. Le cheval nous ramène à notre unité et au tout, il nous relie à nous-même et au monde, à ici et maintenant comme aux temps primordiaux, au trivial et au sublime.

Par ce livre, je voulais remercier mon cheval Balthazar et nos chevaux, tous nos chevaux, pour le bien qu'ils nous ont fait, qu'ils nous font, qu'ils feront encore. Leur capacité à nous réparer, pour mieux nous mettre en chemin vers le meilleur de nous-même, ne cesse de conforter ma foi en l'homme, en son alliance naturelle et si nécessaire avec les autres espèces, en un avenir où dans notre cœur le Un et le Tout seront vraiment réconciliés.

Je vous invite à partager, à la lecture de ce livre, une petite partie d'une enquête qui ne finira jamais. Elle m'a menée auprès d'hommes et de femmes de chevaux qui abordent la relation homme/cheval au quotidien, depuis de longues années, avec passion et discernement. Ils ont voué leur vie à une noble cause : accompagner l'être humain dans son cheminement assisté par le cheval et permettre au cheval de faire son œuvre auprès des hommes. Tous ont montré un enthousiasme et une sincérité très touchants pour ce projet. Nous avons fait équipe, chacun s'efforçant de mettre en mots son expérience, son ressenti, son savoir, malgré l'immensité du sujet, malgré la difficulté à le cerner, de l'embrasser dans son entier. Ces expériences, ces réflexions, ces intuitions partagées, sont réunies ici pour faire écho à vos propres sentiments sur le sujet. Nous ne répondrons jamais définitivement, complètement à la question « Pourquoi les chevaux nous font tant de bien ? ». Parce qu'il y a autant de réponses que de relations homme/cheval. Nous voulions simplement partager entre nous et avec vous les certitudes et les doutes que la vie nous a donnés sur ce sujet. Saisissez-vous de ce qui vous est utile, de ce qui vous touche ou vous convinc, pour continuer un chemin que seuls vous et votre cheval connaissez vraiment.

*Agnès Galletier*

# Isabelle Claude

Isabelle Claude, directrice de l'association Équit'aide, relais de la Fédération nationale Handi-Cheval en Lorraine, exerce son métier d'éducatrice spécialisée à la ferme de Mange-Seille, à Lixières, avec l'aide d'une trentaine de chevaux partenaires, auprès de personnes atteintes d'une souffrance passagère ou durable d'origine psychique, motrice ou sociale.

“*La fonction affective du cheval est celle qui nous marque le plus et que nous relevons en priorité, tant notre besoin d'affection est omniprésent et sa satisfaction indispensable à notre développement, que l'on soit enfant ou adulte.*”

*Agnès Galletier: Pourquoi hommes et chevaux sont-ils autant attirés l'un par l'autre?*

*Isabelle Claude*[1] *:* C'est une question qui revient souvent, je ne sais pas si quelqu'un a la réponse. Les chevaux peut-être, il faudrait le leur demander… Il y a sans doute autant de raisons de part et d'autre.

Lequel des deux a besoin de l'autre? Il semblerait que les deux y trouvent leur compte pour des raisons différentes certes, mais l'un et l'autre, au-delà de relations « opportunistes », sont capables de tisser des liens. Je crois que la plupart des êtres vivants, quelle que soit l'espèce à laquelle ils appartiennent, ont besoin d'échanges et sont capables de relations d'affiliation ou d'intérêts réciproques avec d'autres espèces. Chacun se nourrit de ces échanges. Regardez les oiseaux pique-bœuf qui restent près de bovins ou d'équidés, pour se nourrir des mouches tournant autour d'eux. Dans cette cohabitation, les herbivores sont débarrassés de nuisibles qui les harcèlent et les oiseaux trouvent facilement de quoi

1. Le texte ci-dessus comporte, outre un entretien inédit, quelques extraits de l'ouvrage *Le cheval, miroir de nos émotions*, Bordeaux, D.F.R., 2007.

manger. Dans ce cas, le cheval, après avoir passé des millions d'années à être chassé et dévoré par de nombreux prédateurs a, d'une certaine manière, bénéficié de la domestication. Dans nos pâtures et écuries, il est relativement protégé des prédateurs, des maladies, de la faim, de la pluie, du froid lorsqu'il dispose d'un abri. Nous participons à la satisfaction de ses besoins vitaux. Au-delà de sa sécurité, nous pouvons aussi être des partenaires sociaux capables de répondre à sa curiosité. Il a sans doute gagné un peu de la domestication.

Peut-être l'homme entretient-il cette attirance, pour satisfaire son ego, ses manques, ses attentes, ce qui se perd dans un monde humain qui perd son humanité…

Nous sommes peut-être moins perdus dans le regard d'un cheval que dans les croisements de regards anonymes de notre propre espèce.

*Agnès Galletier : Quel intérêt l'homme a-t-il à s'adjoindre le cheval ?*

*Isabelle Claude :* Tout dépend de quel point de vue nous nous plaçons. La notion d'intérêt est ambivalente, elle peut être d'ordre économique, individuel, collectif… Certes, l'homme y a gagné sur le plan intellectuel en voyageant plus loin, plus longtemps. Le cheval a permis de diversifier et augmenter nos connaissances et apprentissages. Il n'est certainement pas étranger à une partie de notre développement.

Chevaucher, c'est changer son regard sur le monde, modifier sa notion des distances, décupler sa vitesse et sa force. Un cavalier n'est pas un simple humain, il peut devenir centaure et garder ce pouvoir magique de l'élévation, même à pied. Enfin, nous devrions nous rappeler que le cheval est le gardien du temps. Il est, comme tout animal, dans l'instant. Par sa réactivité subtile, il peut nous maintenir dans le présent, si nous cessons de perdre notre esprit dans le futur. Au XXIe siècle, nous avons un conflit de vitesse qui nous empêche de prendre le temps de vivre simplement au pas des chevaux. Il peut nous aider à prendre conscience de « qui nous sommes », si nous faisons l'effort de l'observer, l'écouter, le comprendre.

*Agnès Galletier : Votre public porteur d'un handicap n'est-il pas tant soumis à cette pression du temps ?*

*Isabelle Claude :* La vitesse du temps dépend de notre manière de voir le monde. Le temps peut nous pousser, nous tirer, nous malmener ou nous transcender… Peu d'entre nous ont le sens du temps à vivre l'instant. L'instant d'un sourire, d'une larme ou d'un rire. Nous nous empêchons de prendre le temps.

Les publics que nous accueillons ne connaissent pas les mêmes pressions que nous. Nous avons tous un rapport au monde différent, ce qui fait de nous des êtres uniques. Pour les personnes munies d'un handicap, qu'il soit moteur ou psychique, il en va de même, avec une urgence en plus de nous, celle de vivre chaque instant sans pouvoir toujours se « pro-je-ter » dans le futur. Ils ont rarement un projet technique quand ils côtoient un cheval ; sauf ceux qui s'orientent vers la compétition. Dans la majeure partie des cas, ils recherchent un compagnon, un autre, non humain, dont le langage n'a pas besoin de mots et accepte ou refuse sans s'encombrer de la bonne réponse. Les enjeux ne sont pas du même ordre que chez les personnes valides, surtout quand ils n'ont pas décidé eux-mêmes de nous rejoindre… Ce projet-là appartient souvent à l'entourage, qu'il soit familial ou institutionnel.

*Agnès Galletier : Quel bénéfice retire ce public ?*

*Isabelle Claude :* Chacun va tirer des richesses. Bien au-delà de ce que nous pouvons imaginer. Chacun a droit à son jardin secret. Mais il y a certes des indicateurs qui peuvent nous donner quelque idée de certains bénéfices, au moins sur le plan physique. Pour les personnes munies d'un handicap moteur, le cheval va, comme l'eau, donner une légèreté au corps. Le corps physique est un poids, une douleur réelle ou psychique, un corps tordu, morcelé que l'autre humain doit aider à mobiliser. Cela peut représenter une certaine humiliation, d'être toujours à la merci d'autrui. Le portage du cheval donne de la hauteur, mobilise le corps sans obligation d'effort. Le cheval mobilise chez le cavalier pas moins de trois cents muscles, qu'il soit ou non porteur d'un handicap moteur. C'est ce que l'on appelle la mobilisation passive. Passive car nous ne parlons alors que de se maintenir à cheval, d'accompagner son mouvement. Par ailleurs, la locomotion du cheval, par déplacement des bipèdes diagonaux (postérieur droit, antérieur gauche et inversement), produit un mouvement hélicoïdal dans le corps du cavalier, d'avant en arrière, du bas vers le haut et de poussée de droite à gauche. Cette action locomotrice entraîne une mobilisation musculaire et favorise la sensation de bercement, sensation si chère à notre enfance ! De plus, le mouvement du cheval au pas active les fonctions vitales telles que circulation sanguine et transit intestinal, ce qui est difficilement mobilisable en fauteuil roulant. Enfin, à cheval, nous avons besoin de trouver un équilibre, « un centrage » qui nous permet de ne pas tomber. Les personnes atteintes d'une hémiplégie ont souvent des difficultés motrices et peu d'opportunités d'améliorer leur équilibre hors des séances de kiné. À cheval, il est possible de faire émerger un maximum de sensations et de favoriser le réajustement de l'équilibre latéral et longitudinal.

Sur le plan psychique, social ou affectif, les bénéfices sont plus difficilement mesurables. Ce qui est sûr, c'est que des langages se délient, des sourires se dessinent, des désirs émergent et des apprentissages se mettent en place. À nous de les capter.

*Agnès Galletier : Au-delà, le cheval a-t-il d'autres fonctions ?*

*Isabelle Claude :* Si l'on considère l'accompagnement avec le cheval à visée thérapeutique, nous pouvons travailler sur différentes fonctions du cheval, réelles et/ou symboliques. Ces mêmes fonctions sont utiles à la construction de la personne dans des étapes majeures du développement. L'échange avec cet animal nous permet de revisiter les fonctions qui font qu'un bébé peut devenir un individu indépendant et équilibré. Cela commence avec le portage. Il s'agit d'une fonction bien réelle, mécanique, du cheval. Après notre mère, il est le seul à nous porter ainsi, à se déplacer avec notre corps accolé au sien, nous berçant au rythme de sa marche.

Nombre d'entre nous ont été mal ou peu portés durant leur petite enfance, voire durant le stade fœtal. La mise à califourchon nous permet de nous reconnecter à ce souvenir de portage et de le prolonger. Elle nous chauffe et nous berce, tout comme les bras maternels dans lesquels le petit s'endort.

Les personnes qui touchent un cheval parlent souvent de la douceur du contact et de la chaleur qu'elles ressentent. Elles sont capables de se blottir contre l'animal. J'ai vu des tout petits enfants, posés sur le dos d'un cheval, essayer de se mettre en boule, cacher leur visage dans les poils et y agripper leurs doigts. J'en ai vu se calmer instantanément ou même s'endormir. Pour l'avoir vérifié bon nombre de fois, le pouls très rapide ralentit légèrement et ce au bout de quelques instants. Je voudrais mettre sur un cheval tous les jeunes enfants en mal de bras aimants, peut-être même avant qu'ils n'atteignent leur première année, juste pour qu'ils y dorment, couchés. Je suis sûre qu'ils gagneraient en tranquillité, en apaisement.

*Agnès Galletier : En somme, le cheval est « maternant » ?*

*Isabelle Claude :* Le cheval n'est pas maternant, il a une fonction maternante. Cet animal a une fonction « mère » au travers de la fonction de portage que Winnicott appelle le *Holding*. Le cheval a également une représentation de la fonction du père. Par la force et la puissance, mais aussi par la nécessité de poser des règles strictes de sécurité pour interagir avec lui. Pour devenir un être social, nous apprenons à accepter des lois et, au-delà, la notion de respect. Beaucoup d'enfants n'ont pas les repères suffisants pour intégrer ces lois sociales et les lois des hommes. Ils deviennent marginaux, refusant un cadre tout en le recherchant sans cesse. Ces enfants rejettent souvent l'adulte, lui préférant volontiers la présence animale. Le cheval, par la puissance qu'il dégage, les attire. Or, lui aussi possède ses lois réelles et symboliques.

Ces deux fonctions, père et mère, participent à la construction de l'individu et l'aident à trouver des repères pour devenir un adulte. De plus, nos animaux domestiques (le chat, le chien, le lapin et même le cheval), peuvent avoir une fonction transitionnelle ; ils peuvent être l'objet de nos transferts affectifs. En cela, le cheval remplit cette fonction affective.

C'est sans doute cette dernière qui nous marque le plus et que nous relevons en priorité tant notre besoin d'affection est omniprésent et indispensable à notre développement, que l'on soit enfant ou adulte.

*Agnès Galletier : En quoi le cheval peut-il davantage remplir ces fonctions, qu'un autre animal ?*

*Isabelle Claude :* Parce que le cheval est un génie… je plaisante, mais pas tant que cela. À lui seul, il possède un tel nombre de fonctions essentielles à notre développement, que nous lui devons hommage. Il a par ailleurs la grâce et la patience, au point de fasciner même ceux qui ne sont pas attirés par lui…

Certes, la plupart des animaux domestiques imposent des règles sociales, mais ils ne peuvent pas nous porter. Le cheval, bien que naturellement peu favorable au contact avec les humains, se laisse, par éducation, toucher par l'homme. Il attire la main et rares sont ceux qui échappent à l'envie de le caresser. Le toucher, au sens primaire, au sens premier. Celui qui prend forme dès la naissance, entre autres, et entame le processus d'identification, de différenciation entre soi et l'autre. Le toucher participe à la création de liens, il est notre premier contact, le « peau à peau » décrit par Didier Anzieu. Certains enfants, souffrant de troubles graves de la personnalité, peuvent en arriver à éviter totalement le toucher. Ils ne supportent souvent même pas qu'on leur tienne la main. Ceux en grande carence affective utilisent le toucher uniquement pour manipuler. Ils vont donner à manger, tendent la main, quitte à présenter un caillou à la bouche du cheval. Je leur propose souvent de brosser le cheval sans outil, simplement avec leurs mains.

Le cheval a une fonction mythique, plus que d'autres animaux domestiques. Il fascine, participe à la construction de notre imaginaire : les peintures des grottes préhistoriques en sont une illustration. Peut-être est-ce lié à sa taille, sa puissance, sa vitesse, son élégance naturelle, mais aussi au fait que, contrairement au chat ou au chien qui peuvent vivre avec nous en permanence dans la maison, lui a besoin d'espace, il est entre l'animal domestique et l'animal sauvage. Cette part de vie secrète, d'intimité, le rend mystérieux et donc attirant.

Il est notre rêve d'absolu, de grandeur et d'image idéale de perfection. Autant d'images qui nous renvoient à nos frustrations, la perfection n'existant pas. Pas même dans les livres. Il nous appelle à l'humilité.

*Agnès Galletier : Quel effet le cheval produit-il sur les personnes rencontrant des problèmes relationnels ?*

*Isabelle Claude :* Le cheval est très curieux. S'il n'a pas peur, il peut aller à la rencontre d'un individu si celui-ci est dans son champ de vision. Cela peut être pertinent pour les enfants qui ne vont pas au-devant de l'autre et ne semblent pas s'intéresser à l'environnement. Le cheval réagit à l'environnement et renvoie des informations en fonction de ce qu'il perçoit. En cela, il a une fonction miroir, si un individu est relié à son espace sensoriel en étant en contact, à proximité. Pour autant, pour l'équipe d'éducateurs, il reste l'essentiel du travail à faire : décoder, faire la part des choses entre ce qui revient à la personne en relation avec le cheval et le reste de l'environnement.

La relation est la moelle de notre vie. Si le cheval favorise les rapprochements sociaux, cela peut engendrer un autre regard sur soi. Surtout lorsque le monde est perçu comme dangereux.

*Agnès Galletier : Et pour les personnes atteintes d'un handicap, quels effets le cheval produit-il ?*

*Isabelle Claude :* Qu'ils soient handicapés mentaux ou physiques, polyhandicapés, adolescents ou adultes, ces personnes viennent nous dire que malgré des moyens et des aptitudes différents des nôtres, ils ont une volonté et un sens de l'adaptation bien souvent supérieurs à nous. Le cheval nécessite, de la part de celui qui veut s'en approcher ou s'en occuper, une combinaison impressionnante de facteurs tant physiques (adaptation corporelle permanente), que psychiques (émotion, affectivité) ou cognitifs (capacité à apprendre). Il appelle le corps et l'esprit à s'éveiller, ne serait-ce que pour notre sécurité. Les personnes atteintes d'un handicap mental se trouvent capables d'apprendre, de comprendre et d'ajuster une situation face à ce compagnon. Je suis toujours impressionnée par les ressources que certains cavaliers handicapés trouvent pour tenir à cheval. Cela relève de l'exploit tant il est difficile pour eux de gérer l'équilibre, la coordination, l'espace, la concentration... Il faut voir comment les enfants atteints d'infirmité motrice ou cérébrale se déchaînent pour essayer de garder une brosse en main et maintiennent une concentration extrême, pour brosser l'animal. Chaque situation contrôlée entraîne une valorisation qui peut faire émerger d'autres progrès, à condition que la personne qui accompagne soit consciente de l'effort et des acquis que l'approche du cheval représente. Car c'est bien la motivation affective pour l'animal qui crée l'efficience. Pour les parents qui y croient mais s'épuisent souvent devant les manifestations qui tardent à venir, les chevaux donnent une idée concrète des progrès réalisés.

*Agnès Galletier: Les chevaux sentent-ils qu'ils sont en présence de personnes handicapées?*

*Isabelle Claude:* C'est ce que l'on entend souvent dire. Personnellement, je peux vous dire que les chevaux n'aiment pas plus les enfants ou les personnes handicapées que vous et moi. Pas moins non plus d'ailleurs. Si un enfant crie, bouscule, invective, la réaction de fuite sera la même. S'occuper de personnes handicapées est un métier que nos chevaux doivent apprendre. Chaque cheval apprend un véritable métier, qu'il saute, débarde, attelle. Pourquoi le cheval réussit-il là où bien souvent nous, éducateurs ou parents, nous échouons ? Parce que lui n'intellectualise pas. Notre intellect nous encombre bien plus souvent qu'on ne le croit.

*Agnès Galletier : Les couples chevaux/humains fonctionnent-ils tous de la même façon ?*

*Isabelle Claude :* D'abord, tous ne fonctionnent pas. Pour différentes raisons, de part et d'autre. Ainsi, nous ne pourrions pas « employer » des chevaux blasés ou dépressifs. Au contraire, si l'on veut accompagner quelqu'un en perte de désir de vie, il est important qu'il puisse en face rencontrer un être sensible, réactif, en proie à l'échange. La personnalité de nos chevaux doit être intègre, bien dans leur corps et dans leur tête. La rencontre entre un cheval et un humain, comme toutes les rencontres, n'est jamais innocente. J'ai pu constater depuis des années que le cheval est différent en fonction de celui qui l'approche. De même, l'humain est attiré davantage par certains profils de chevaux, en fonction de sa propre personnalité, de son histoire personnelle. J'ai constaté dans mon métier que les séances étaient beaucoup plus calmes et plus dynamiques quand chacun choisissait son poney. S'il y a choix, l'enfant est plus disponible, donc le poney est plus présent. Si l'enfant ne peut pas choisir son compagnon, la séance est moins tonique et le poney plus facilement absent ou en colère. J'ai remarqué que certaines personnes ayant des histoires similaires choisissaient les mêmes chevaux et ceci étudiés séparément ou en groupe. Connaissant les problématiques de ces personnes, j'ai essayé de connaître plus en détail l'histoire des chevaux, de façon à comprendre pourquoi tel type d'individu s'intéressait à eux. Pour les chevaux qui avaient grandi dans notre ferme, c'était facile. Pour les autres, j'ai mené une enquête auprès des anciens propriétaires et éleveurs.

Par ailleurs, les couples se font et se défont, surtout dans le milieu du cheval. Si un couple fonctionne, personne ne se pose de questions. Si un couple ne fonctionne pas, le cheval est forcément le responsable ! Alors, puisque le cheval nous renvoie l'image de nous-mêmes, je propose à ceux qui trouvent le cheval « nul » ou « inutile » ou, pire, simple objet, de s'interroger. Je dis souvent, si quelqu'un te dérange, essaie d'abord de comprendre si ce qui te dérange ne te renvoie pas quelque chose de toi. En cela les couples qui ne fonctionnent pas bien m'intéressent.

*Agnès Galletier : Le cheval a-t-il une part de choix ?*

*Isabelle Claude :* Le cheval choisit ses congénères et le pré, pas les humains. La relation interespèces peut se créer mais elle est du fait des humains. Bien sûr le cheval est un être social et capable d'attachement même à un membre d'une autre espèce. Cependant pour savoir s'il choisit, il faudrait pouvoir réellement lui demander, prendre des critères objectifs qui nous permettraient d'émettre une hypothèse de réponse.

*Agnès Galletier : Comment le cheval réagit-il au contact de vos patients ?*

*Isabelle Claude :* Pour comprendre comment le cheval réagit à sa rencontre avec l'humain, il faut d'abord, je pense, le remettre dans son contexte naturel et se souvenir que, comme tous les animaux, le cheval échange avec ses congénères par émission et réception de messages sensoriels. Par ailleurs, comme tous les cervidés et autres ongulés, il est une « proie » et sa peur est indispensable pour le maintenir en vie. Cela le rend extrêmement vigilant, que ce soit dans la nature ou lorsqu'il échange avec des humains. Il s'adresse à eux et réagit à deux niveaux : l'un corporel, donc du domaine visible, et l'autre indirectement visible car émotionnel. Ses attitudes et son comportement se trouvent être la réplique de ce qu'il voit et sent en face de lui. Le cheval va donc répondre par des attitudes corporelles et développer un comportement en relation avec « l'état » intérieur de la personne. Les humains ont tendance à communiquer par la parole et oublient que leur corps parle en même temps que leur voix. Un animal aussi doué que le cheval pour la lecture sensorielle, qui réagit à toute émission de signe olfactif, auditif et visuel, nous renvoie en miroir nos émotions intérieures. Par exemple, Catherine, une jeune adolescente peu bavarde, assez distante et apparemment impassible, mettait systématiquement tous les chevaux en colère. Ils tentaient de la mordre, quelle que soit la situation. Il fallait en permanence une personne tout près d'elle pour lui éviter des coups de dents, de la part de chevaux tous paisibles et respectueux à la base ! J'ai donc émis l'hypothèse que, sous un abord très calme, Catherine cachait de la colère, de l'agressivité retenue. Plusieurs séances furent nécessaires pour qu'elle puisse lâcher cette colère et parler de son chagrin. Les chevaux ont alors cessé de vouloir la mordre et elle a pu commencer à établir une relation avec eux. Aline a perçu chez nous sa tristesse car les chevaux qu'elle côtoyait se retrouvaient rapidement immobiles, l'encolure basse, la tête tournée vers l'extérieur, les yeux sombres. À l'opposé, Sylvie rendait les chevaux vifs et prêts au mouvement. Valérie, un peu absente, a pu observer qu'au bout de quelques instants, ceux qu'elle approchait se mettaient tous à tourner la tête dans la direction opposée à elle.

Quelle que soit la situation, chacun peut se sentir compris, dans l'instant, sans pour autant être jugé. La présence du cheval me permet de reconnecter les personnes à leur état émotionnel, de les aider à ne plus en avoir peur puis, petit à petit, d'apprendre à vivre en harmonie avec elles-mêmes. Peut-être, en progressant en décodage de langage animal, peut-on devenir un naisseur d'âme…

*Agnès Galletier : Mais comment décodez-vous le langage du cheval pour comprendre ce qu'il se passe ?*

*Isabelle Claude :* Je reste à une distance physique suffisante pour voir du plus loin possible et du plus près possible en même temps. Je me suis rendu compte que le visage du cheval était au moins aussi expressif que celui d'un enfant. Ainsi, la partie juste au-dessus des arcades sourcilières est gonflée ou creuse, bat plus ou moins fort selon la personne présente. Le menton peut être très souple ou contracté. Les naseaux se lissent ou se plissent. Les lèvres et les joues peuvent être souples ou tendues. Les veines apparaissent ou s'atténuent. Les yeux se teintent de blanc ou non, etc. Sans compter les attitudes du corps lui-même, de la queue, des membres. Tous ces signaux associés finissent par former un véritable langage. J'ai pu observer que lorsqu'un cheval se trouvait au contact d'un humain, il prenait les mêmes signes soit de crispation, soit de détente et aux mêmes endroits ! Bien sûr, l'intensité de la réaction du cheval dépend de son propre caractère, selon qu'il est expressif, réactif ou routinier. Par exemple, lorsque les chevaux sont confrontés à quelqu'un qui ressent de la peur, ils ont tendance à fuir. Certains le feront brusquement, d'autres se contenteront de s'écarter. Cela ne signifie pas que le cheval éprouve nos sentiments, mais plutôt qu'il transmet directement les informations qu'il reçoit. En somme, le cheval nous sert d'informateur. Je n'ai plus qu'à me fier à ses réactions pour voir dedans ce que je ne peux pas voir dehors. Grâce à l'effet miroir du cheval, je peux aider une personne à prendre conscience de ce qui l'habite, lui permettre si possible de se libérer d'encombrements, se re-connaître, s'accepter donc s'apaiser. Ne rêvons pas : pour y arriver, il faut une bonne compréhension du langage du cheval, une grande dose d'humilité et une connaissance profonde de la relation d'aide. On ne parvient pas à ces résultats en mettant simplement un humain et un cheval ensemble dans un manège !

*Agnès Galletier : Qu'en est-il du travail de réinsertion, avec des détenus par exemple ?*

*Isabelle Claude :* Là encore le cheval vient redonner l'espoir, faire ressentir que le noir du dedans n'est pas une fatalité. Ces personnes trouvent auprès de lui quelqu'un qui montre sans qu'ils aient besoin de dire, ce qu'ils ne savent pas qu'ils savent et qu'ils n'imaginent pas être la cause de leur enfermement. Ils n'ont de la vie qu'une valeur absolue, celle de la perte de leur dignité comme réponse amère à leurs chagrins enfouis. Seule la colère donne de l'éclat au son de leur voix… Mon idée est de leur apprendre à ouvrir les portes de la communication, celle des chevaux et celle des hommes afin de pouvoir faire des comparaisons. Ces personnes mettent bien sûr le cheval sur un piédestal. Ils sont émerveillés, doux, attentifs, respectueux. Lors de la présentation des chevaux, les premières projections anthropomorphiques fusent. Ils peuvent ainsi exprimer quelques sentiments et oser dire leur dévalorisation. Ils rencontrent leur âme d'enfant, laissent leurs doigts donner un peu de tendresse à une encolure qui se tend, une tête qui s'avance. Je les laisse à ces rencontres, à leurs préférences, aux premiers échanges qui tissent le lien. Lorsque je leur demande d'interagir avec le cheval, par exemple l'inviter à suivre sans licol et sans longe, il s'amorce un échange homme-animal et j'aide chacun à comprendre ce qui se passe, ce qu'ils veulent et n'obtiennent pas forcément. On décèle des contradictions, ils s'aperçoivent que si la communication ne passe pas, ce n'est pas forcément à cause du cheval. Ils recueillent des informations sur leur personnalité, à partir de l'attitude et du comportement de leur compagnon et commencent à prendre conscience de l'importance de leur état émotionnel dans la communication. À partir de là, nous transposons ces constats à leurs relations sociales, entre êtres humains. Avec le cheval, ils ont pu faire un premier pas dans la rencontre de soi, dans leur rapport à l'autre.

Le deuxième jour, je propose aux détenus de leur présenter la personnalité, l'histoire et le quotidien du

cheval qu'ils ont choisi, avec lequel ils ont voulu créer un lien depuis la veille. Tous les détenus que j'ai observés se dirigent systématiquement vers des chevaux au passé chargé, mais les profils peuvent être très différents. J'y vais doucement, sans fioriture pour raconter simplement ce que je sais de l'histoire du cheval. Chaque fois, je suis stupéfaite de la vitesse de la réaction : « C'est comme moi… » Suit un instant de lâcher-prise émotionnel. Je laisse opérer la magie de leurs mots soutenue par la présence du souffle chaud de l'animal attentif. Après ces moments, ces individus éprouvent généralement un grand soulagement doublé d'un sentiment d'avoir été compris et acceptés tels qu'ils sont, ni bon ni mauvais, juste encore en vie.
Nous ouvrons les portes de l'espoir et apercevons que rien n'est une fatalité. Nul ne sait donner ce qu'il n'a pas eu mais cela peut s'apprendre si l'on arrive à balayer la haine et adoucir le chagrin. Ces paroles douces après l'orage rendent au cheval un soupir qui le renvoie plus loin de nous, comme si tout à coup, il n'avait plus besoin d'être près, comme si le calme revenu engendrait un possible éloignement.

*Agnès Galletier : Pourquoi tant de personnes éprouvent un tel besoin d'être au contact des chevaux ?*

*Isabelle Claude :* Que ce soit avec les personnes handicapées ou les personnes comme vous et moi, le cheval peut, sans le vouloir, en étant simplement lui-même, aider à rencontrer la *vie* à l'intérieur de chacun d'entre nous. Il peut être tuteur de résilience et redonner du sens à nos existences.

Pour comprendre ce qui nous attire chez le cheval, il suffirait peut-être d'oser s'avouer que nous lui demandons de répondre à notre quête affective, celle que nous avons peut-être perdue, pas encore trouvée ou qui nous a blessés, celle qui nous renvoie à notre mémoire enfouie de tout-petit. Je ne détiens aucune vérité, mais aujourd'hui, après ces années de compagnonnage, je constate à quel point le cheval comble des vides et remplit les âmes.
Nous sommes des êtres de parole et oublions la moitié, que dis-je les trois quarts de notre capacité langagière. Le cheval nous rappelle à l'ordre. C'est pour cette raison que je travaille avec lui. Il me rappelle que je suis, peut-être inconsciemment, sourde et aveugle. Est-ce une quête collective ? Peut-être pour certains… Enfin, j'ai le droit de rêver !

*Agnès Galletier : Personnellement, qu'est-ce que les chevaux vous ont apporté ?*

*Isabelle Claude :* Pour répondre à cette question, je crois qu'il faudrait un nouveau livre ! Le cheval me dit toujours, pour plagier Lamartine : « Un seul être vous manque et tout est dépeuplé… » Il répond à cette quête d'amour infini et non défini… Il donne ce que bien souvent nous ne savons pas chercher ailleurs.
Le cheval, n'étant pas encombré par la parole, m'a aidé à apprendre le langage corporel et à accepter les messages sensoriels. Cela m'a pris des années et je ne suis pas au bout de mes surprises. Je pense qu'il m'a appris la patience, l'attente, la disponibilité, la sincérité. Il m'a aidé à mieux aimer, simplement et calmement.

# Martine Chabannes

Psychiatre, diplômée d'hypnose médicale, Martine Chabannes a réalisé une expérience thérapeutique assistée par le cheval auprès de personnes en état dépressif. Les conclusions de ce travail étalé sur trois ans, ainsi que les hypothèses de recherche et de théorisation à tirer de cette pratique, ont été soulevées et publiées lors d'un colloque mondial organisé par Handisport, à La Baule, en octobre 1986.

La situation géographique du cabinet du docteur Chabannes, en forêt de Rambouillet, dans les Yvelines, et son implication personnelle (elle est elle-même cavalière) lui ont permis d'accompagner de nombreux cavaliers dans une pratique psychothérapeutique, psychiatrique mais aussi par des séances de travail d'hypnose médicale.

*“Il y a dans cette symbiose homme/cheval,*
*connue de nombreux cavaliers, un jaillissement de vie*
*qui présente un intérêt certain sur le plan thérapeutique,*
*si l'on concède qu'un corps exalté ne peut s'accommoder*
*d'un état d'esprit déprimé.”*

*Agnès Galletier: Comment vous est venue cette idée de faire monter des patients à cheval?*

*Martine Chabannes:* En effet, cette idée peut sembler farfelue. Au moment où j'ai commencé à envisager les bénéfices de patients dans la pratique de l'équitation en pleine nature, je n'avais que l'idée des bienfaits provoqués par les chevaux sur les humains, pour l'avoir vécu moi-même. J'exerçais encore à l'hôpital et, à cette époque, je travaillais sur les textes du psychanalyste Donald Winnicott. Ce génial analyste anglais décrit un univers psychique et physique des différents états de l'humeur, en prenant soin de distinguer les états d'âme et les sensations ou émotions correspondantes. Il nous dit que tous les épisodes mélancoliques sont marqués par des sensations de lourdeur, de pesanteur, d'envie et de sentiment d'être enterré. On se sent « au fond du trou » comme l'indique le langage courant. Peu ou prou, chacun de nous a pu le sentir sur lui-même. En revanche, les épisodes dits « maniaques » sont perçus par le corps dans une sensation de légèreté, d'allégresse, de puissance, de désir et d'énergie, accompagnée par une sorte d'ouverture vers le monde extérieur. Dans la vie

quotidienne, a minima, nous dirions que nous nous sentons joyeux, prêts à entreprendre.
Il se trouve que cette thèse de Winnicott, croisée à mon vécu de cavalière de ce moment-là, est à l'origine de ce pari thérapeutique. Après de longues discussions à l'hôpital avec un autre psychiatre pour enfants, le docteur Jean-Paul Rabreau (cosignataire de la présentation de mon travail pour Handisport), j'ai décidé de tenter l'expérience avec les chevaux.

*Agnès Galletier : Quel était votre pari thérapeutique ?*

*Martine Chabannes :* La question posée était de savoir si des expériences corporelles positives peuvent, ou non, entraîner une modification de l'état psychique. C'est là une thèse employée en hypnose médicale qui consiste à demander au patient d'imaginer son corps détendu et heureux, au cours d'un souvenir de bonheur, afin de l'aider à diminuer la pression anxieuse et même la douleur physique. Lorsque j'ai entrepris ce travail avec l'aide des chevaux, la réponse me semblait limpide : nous allions aider des patients dépressifs à éprouver des sentiments physiques positifs. De là, nous pouvions espérer des conséquences positives sur leur psychisme.
Je savais combien le fait de monter à cheval en forêt donne une sensation d'allégement, de liberté, de puissance, de vitesse. Comme si nous devenions la nature même de cette énergie qui permet de dépasser toutes les lourdeurs, vraies ou imaginaires… Il semble que nous soyons capables de capter, d'intégrer la force effrayante et fascinante d'un cheval en mouvement. Cet animal redoutablement puissant, impressionnant,

devient pourtant, lorsque nous sommes cavaliers, notre allié et notre défenseur. Personne dans la forêt n'ose attaquer quelqu'un à cheval. Cet effet dissuasif est d'ailleurs utilisé par les gendarmes à cheval qui parviennent à imposer le respect autour des stades de football, les soirs de folie.

Je connaissais aussi les émotions intenses que procure la peur dépassée. Les sens éveillés par l'exaltation de se trouver sur ce grand corps, si différent du nôtre, et le sentiment de surmonter un grand danger, de maîtriser une force immense, pouvaient produire un choc, sortir les patients de leur torpeur sensorielle. De plus, j'avais le sentiment qu'un contact avec cet animal mythique, au cœur d'une immense forêt, pourrait procurer la confusion et la déréalisation, conditions nécessaires à la transformation d'un état psychique en un autre, ceci sur le modèle de la transe hypnotique, celle qui guérit, et dont certains de mes patients avaient besoin pour remonter la pente.

Je pensais pouvoir travailler aussi sur la conscience de soi, transformée par la position de cavalier. Plusieurs facteurs se conjuguent alors. Tout d'abord, les identifications positives : nous avions estimé que les associations d'images et d'idées pouvaient permettre aux patients de se reconnaître dans les grandes figures de l'imaginaire collectif. Celles que l'on trouve sur les places de nos villes, tels les rois, les héros. Ils sont généralement à cheval et ces cavaliers de bronze se présentent manifestement en vainqueurs. Sur le dos d'un cheval, on devient Hannibal, Attila, ou un fier participant au défilé de la Garde républicaine ! En tout état de cause, le cavalier est grand, il est toujours situé

au-dessus des voitures, des passants, des bicyclettes, du commun des mortels. Le monde mythique des grandes figures équestres peut éventuellement devenir perceptible et l'on peut s'approprier en partie la légende et la gloire des héros. A contrario, un cavalier qui descend de son cheval se perçoit beaucoup plus petit qu'à l'instant précédent.
Si tout cela est vrai mais ne revêt pas une importance majeure pour un cavalier averti, pour nos patients dévalorisés, c'est au contraire un élément réparateur. Il y a là une aide narcissique évidente. Les associations avec ces personnages mythiques revenaient d'ailleurs souvent dans les interprétations faites par les patients au cours des débriefings suivant nos sorties.
Autre point important sur la conscience de soi à cheval : le sentiment d'appartenance à un groupe qui partage les mêmes dangers et les mêmes valeurs. Cette communauté se reconnaît et se salue en se croisant sur la route ou sur une piste cavalière. Il y a des rites de politesse ou de respect : il est coutume de remettre son cheval au pas pour se croiser ou de soulever sa casquette ou sa bombe. Les cavaliers partagent ce sentiment d'appartenance à un groupe avec les motards ou encore les passionnés de voile. Mes patients/cavaliers s'intégraient ainsi à une équipe, une fratrie, une confrérie. Ils pouvaient sortir de leur bulle et s'imaginer faire partie d'un ensemble. Traverser la forêt à cheval leur permettait de vivre une aventure collective avec un retentissement exceptionnel ! Les personnes immergées dans leur solitude dépressive devenaient demandeuses d'appartenir à cette communauté admirable et désireuses d'en apprendre les codes.

Mais au-delà de la signification symbolique du cavalier, je voulais surtout partager avec eux ce bonheur si singulier d'une chevauchée et les éveiller à nouveau au monde et à eux-mêmes, par une voie différente et complémentaire à l'usage des mots et du ressenti sur un divan.

Vivre intensément c'est autre chose que de parler.

*Agnès Galletier : Pourquoi le cheval plus qu'un autre animal ?*

*Martine Chabannes :* Je ne vois pas un autre animal capable d'induire les mêmes effets. Il peut nous entraîner sur son dos à grande vitesse et nous suggère que nous sommes des héros courageux. Je n'imagine pas qu'un éléphant, une monture lui aussi, puisse donner l'illusion de n'avoir qu'un seul corps, celui d'un centaure. Ainsi rêvons-nous d'être rapides et réactifs comme il l'est, dans sa forme et dans son mouvement. En cela le cheval est un « véhicule » au sens allégorique, à savoir qu'il nous « transporte » ailleurs que dans la réalité.

*Agnès Galletier : Pourquoi ? Que se passe-t-il ?*

*Martine Chabannes :* Il se passe quelque chose d'étrange car il y a dans la relation au cheval des éléments qui lui sont particuliers : sa beauté, sa grâce, sa rapidité, son odeur, la douceur de ses poils, sa respiration quand il galope. Nous tendons à « faire corps » avec lui, à la manière dont nos jambes entourent ses flancs, à l'inclinaison de notre buste vers son encolure, afin d'épouser le mouvement, de l'accompagner, de nous abandonner au bercement de l'allure comme si nous étions le prolongement du corps de notre monture. En entrant dans la valse des cadences rythmées par lui, nous acceptons de devenir « son cavalier », c'est-à-dire le partenaire d'une danse étrange, entre rêve et réalité, entre son monde animal et notre monde humain.

À ce moment-là, au-delà des sensations déjà vertigineuses pour un humain, le cavalier s'ouvre à un monde sensoriel plus vaste encore. Comme si les perceptions de notre propre corps mais aussi de notre environnement se modifiaient subtilement. Le cavalier commence à percevoir, avec son cheval, un mouvement dans un buisson, se laisse surprendre comme lui par l'envol d'un oiseau, sent l'odeur de la mousse ou celle des champignons sous les chênes, avec une acuité qu'il n'imaginait pas avoir. Cette immersion dans le monde animal permet à une personne normale de se ressourcer. Pour une personne névrosée, repliée sur elle-même, cela peut représenter une ouverture soudaine de la prison progressivement édifiée en soi-même. C'est, à y réfléchir, une expérience vitale relativement intense quand on la compare à la lenteur des ruminations dépressives.

*Agnès Galletier : Comment le travail thérapeutique avec les chevaux a-t-il pu se réaliser ?*

*Martine Chabannes :* Je proposais à certains patients en dépression, suivis à mon cabinet depuis parfois des mois, de participer à une expérience informelle mais solidement encadrée par des professionnels de l'équitation. Je faisais cette proposition à des patients ne prenant plus de médicaments (c'eût été trop risqué) mais qui restaient déprimés. La plupart d'entre eux étaient des citadins et acceptaient le pari de cette immersion en pleine nature.

Il s'agissait d'une sortie à cheval d'une heure, par groupes de quatre ou cinq, ayant pour objet d'étudier les effets produits. Nous nous retrouvions dans un centre équestre de la forêt de Rambouillet et nous mettions en selle ces nouveaux cavaliers après une initiation minimale aux rudiments d'équitation par un professionnel. Puis nous partions au pas, paisiblement, sur un sentier forestier. Peu à peu les corps se détendaient, se laissaient bercer. Les regards commençaient à se tourner vers les arbres de la forêt, les perspectives des allées, les couleurs du décor. À notre retour, chacun s'occupait de son cheval, du jet d'eau sur les sabots, de la carotte pour dire merci et du retour au box. Cette promenade était suivie d'une séance de discussion. Nous nous réunissions dans une petite cabane, près du centre équestre, pour recueillir à chaud les témoignages et sonder les ressentis, les émotions, les colères ou les joies éprouvées lors de cette expérience. Nous utilisions alors couramment ces « thérapies de groupe », en particulier à l'hôpital.

Manifestement, les ressentis étaient très différents. Pour certains, dominait la sensation d'être porté. Cela les renvoyait à un passé lointain, jubilatoire, avec un cheval-mère qui porte, berce, qui est un être chaud (la chaleur des flancs était souvent mentionnée) ainsi que le cheval-balançoire. Certains éprouvaient la joie plus intellectuelle de chevaucher le cheval blanc d'Henri IV, comme dans un livre d'école. Ce qui émergeait en premier et

pour tous était l'émerveillement, l'euphorie, l'étonnement face à l'intensité des sensations éprouvées. Ils s'étaient de nouveau sentis « vivants », vibrants et l'essentiel était là. Cela suscitait immanquablement une envie de recommencer, et certains sont d'ailleurs devenus réellement des cavaliers. Pour un patient névrosé, c'est une émotion intense de ressentir l'envie de faire quelque chose, de pouvoir se projeter dans un projet – quel qu'il soit – lui permettant d'espérer, de croire de nouveau en un devenir.
Les personnes que nous avons entraînées dans ces aventures ont toujours été, je crois, très sincères et nous avons eu la chance de n'avoir aucun problème. À quelques exceptions près ! Je me souviens d'un garçon chez qui les effets sensoriels étaient tellement forts qu'il devenait un vrai diable à cheval, voulant sauter les barrières blanches des allées. Nous avions le plus grand mal à le calmer. Il nous disait se sentir sous pression toute la semaine et avait envie de sauter les barrières, matérielles ou symboliques. Ce témoignage confirmait l'hypothèse de base et confortait la pensée de Winnicott. L'état de stress et de frustration de ce patient s'était muté en un état euphorique… bien difficile à gérer tant pour sa propre sécurité que celle des autres cavaliers et des chevaux !
De même, nous avions observé un changement radical d'état psychologique chez une cavalière suite à une chute dans les fougères. Elle n'avait depuis plus ressenti ces maux dont elle ne cessait de se plaindre depuis des mois, comme si sa chute avait eu un effet amnésiant. Le véritable danger, la douleur réelle avaient-ils éloigné ses maux fantasmés ? Je me souviens enfin d'une jeune

femme extrêmement introvertie et terrifiée par son patron. À la suite d'une de ces expériences cavalières, elle a rêvé qu'elle entrait à cheval dans le bureau de celui-ci et depuis n'a plus jamais eu peur de lui. Voyez que les effets étaient multiples, propres à chaque malaise psychique.

Lorsque nous refaisions une promenade à cheval, quelques semaines plus tard, les patients étaient plus détendus. Ils éprouvaient de la joie à retrouver leur cheval initiateur et le plaisir de monter était immédiat. Ils pouvaient revisiter les sentiments et les émotions ressentis au cours de la séance précédente, à laquelle ils avaient eu le temps de réfléchir. Pour eux, l'expérience produisait une réparation narcissique importante car tous, auparavant, se dévalorisaient et ne croyaient plus en eux. Là, ils avaient réussi à monter à cheval malgré toutes les difficultés. Ils avaient ainsi dépassé leur complexe d'échec en maîtrisant leur peur. Cette peur maîtrisée nous rappelle que nous sommes bien vivants. D'ailleurs, rien n'écarte aussi fortement les fantasmes angoissants autour de la mort qu'une belle peur dans une forêt en automne.

Ces chevaux aidaient à réveiller des personnes endormies dans leur mal-être, ils avaient fait un cadeau en ouvrant des portes, en laissant apparaître des possibles. Selon moi, thérapeute, l'accès au merveilleux et à la magie des choses que l'on reçoit en plein visage, a été l'essentiel de cette étude.

*Agnès Galletier : Que se passe-t-il entre le cheval et nous, selon vous ?*

*Martine Chabannes :* Je pense qu'il y a une perception d'ordre initiatique. Le cheval nous introduit dans un monde de mystère. On est comme emporté dans la dimension « cheval », aux antipodes de notre vie quotidienne. Sa perception de l'environnement devient nôtre, sa vitesse nous appartient, sa force passe dans notre corps, dans nos veines, avec un sentiment de jubilation, d'exaltation que notre propre course ne peut produire. Il y a dans cette symbiose homme/cheval, connue de nombreux cavaliers, un jaillissement de vie qui présente un intérêt certain sur le plan thérapeutique, si l'on concède qu'un corps exalté ne peut s'accommoder d'un état d'esprit déprimé.

*Agnès Galletier : Pensez-vous que les cavaliers soient une population particulièrement fragile psychologiquement ?*

*Martine Chabannes :* Non, je ne crois pas qu'il y ait de règle. Je pense en revanche que les cavaliers connaissent ces mystères que propose la relation avec un cheval et peuvent en devenir dépendants. Mais je ne peux pas dire que les cavaliers présentent des profils psychologiques particuliers comparés aux non-cavaliers.

*Agnès Galletier : Que pensez-vous du symbole sexuel que les non-cavaliers attribuent souvent à notre fascination pour les chevaux ?*

*Martine Chabannes :* Pour moi, l'interprétation des symboles est relative au monde psychologique et culturel du rêveur comme du thérapeute, car personne n'a jamais confirmé l'universalité absolue de la symbolique du rêve, malgré les très nombreux dictionnaires qui le prétendent. L'interprétation symbolique lue par un Indien d'Amérique sera différente de celle d'un Mongol. On dit souvent que le cheval est une image sexuelle, quelque chose comme le phallus du cavalier. Il me paraît plus pertinent de faire appel au symbole mythique du centaure car il renvoie à une réalité plus globale de l'expérience équestre. Par exemple, en hypnose, quand le patient évoque un cheval, ou son cheval, il ne s'agit pas d'autre chose que de son cheval ou de sa jument sur lequel ou sur laquelle sont projetés les événements de sa vie.

En revanche, si le rêve a une dénotation explicitement sexuelle, il en va bien sûr autrement. Le travail interprétatif en donnera la clé.

*Agnès Galletier : Utilisez-vous aussi le cheval dans le cadre de l'hypnose médicale ?*

*Martine Chabannes :* Oui souvent, soit qu'il s'agisse de cavaliers – et c'est souvent le cas – avec lesquels je peux recréer les ambiances de ces magies, soit qu'il s'agisse d'autre chose dans laquelle le cheval peut être un emprunt utile. Ainsi, on peut imaginer l'usage du cheval avec un patient phobique des grands espaces, sous hypnose. Cette personne ne supporte pas la vue d'une grande plage, de la mer, de l'horizon. Sans aucune allusion explicite, on peut par exemple l'aider à accepter la profondeur de l'espace en suggérant l'évocation toute simple de sa silhouette passant calmement à cheval, au loin, sur la crête d'une colline. Le cheval permet alors de faire une diversion, d'aborder de façon détournée cet espace si effrayant.

J'ai été conduite, à propos du deuil d'un cheval, à demander à des patients cavaliers, au cours d'une séance d'hypnose, de faire avec moi une promenade à cheval en forêt, avec l'évocation sensorielle, la sensation imaginaire du galop pour chevaucher un animal imaginaire. Mon but était de les faire à nouveau se sentir cavaliers par essence. Je leur faisais ainsi éprouver qu'ils avaient perdu un cheval mais restaient cavaliers. Ils pourraient donc, le moment venu, remonter à cheval et retrouver à nouveau leur capacité d'attachement.

*Agnès Galletier: Et lors des séances avec des enfants, le cheval peut-il être présent?*

*Martine Chabannes:* J'utilise le poney au cours de séances de psychothérapie, lorsque les enfants sont cavaliers. Ainsi, le parent absent peut être médiatisé par l'évocation du poney imaginaire, posé en interlocuteur au cours d'une séance de psychothérapie. Je demande alors: « Et qu'en pense ton poney? Comment réagit-il? », ce qui permet de collecter des informations sans nommer la personne réelle. Le rôle des animaux est très important chez les enfants et les chevaux occupent une place parfois prépondérante. Chez les jeunes filles par exemple, le poney figure souvent un enfant dont il faut prendre soin et l'on voit ces petites filles porter le vanity-case rempli des brosses et peignes de leur ami. Quand elles sont avec leur poney, elles s'imaginent en « grandes personnes », responsables. Elles trouvent aussi là le confident consolateur qu'elles ne trouvent pas ailleurs.

*Agnès Galletier : Que vous a apporté le cheval personnellement ?*

*Martine Chabannes :* Les chevaux m'ont aidée à modifier et enrichir ma personnalité. Ils m'ont donné confiance, m'ont appris la finesse, ce qui paraît étrange pour un animal si grand et si fort, mais qui est vrai. Les chevaux sont des « personnes » très fines, qui s'expriment par le basculement d'une oreille ou un frissonnement de la peau, et nous font comprendre aussi bien leur tendresse que leur colère. Ils nous apprennent à nous dominer et ont tendance à pardonner nos maladresses. Lorsque je les ai rencontrés, j'ai saisi la chance qu'ils m'offraient de me comprendre et de me faire confiance.

Ma pratique de médecin et mon cheminement de cavalière se sont parfois mêlés et comme lorsque nous sommes à cheval dans la nature, les informations, les plans se sont transposés, progressivement intégrés, interpénétrés. Si bien que depuis longtemps maintenant, ce que les chevaux m'ont appris intervient sur un autre plan dans mon travail.

Je leur en sais vraiment gré.

## Christelle Pernot

Christelle Pernot pratique et enseigne le shiatsu équin, une discipline de bien-être, douce et naturelle, qui permet d'harmoniser la circulation de l'énergie dans les méridiens d'acupuncture. Elle est installée en Eure-et-Loir depuis 2001.

*“Poser ses mains sur un cheval, c'est se connecter*
*avec cette formidable « prise de terre » qu'est cet animal,*
*fermement ancré des quatre sabots dans le sol,*
*en lien direct avec les énergies Yin de la Terre.*
*Le cheval nous propose un réel enracinement*
*et non une apparence d'enracinement.”*

*Agnès Galletier : Comment êtes-vous venue à pratiquer et enseigner le shiatsu équin ?*

*Christelle Pernot :* J'ai découvert le shiatsu grâce à une amie qui m'a offert une séance alors que je traversais une période de deuil difficile. Les séances de shiatsu ont petit à petit soulagé mon mal-être physique et émotionnel, tandis que le praticien m'expliquait le langage du corps et la signification de mes désordres énergétiques d'après la médecine traditionnelle chinoise. En Écosse où je vivais alors, il était évident pour les familles utilisant cette technique de bien-être, que leurs animaux domestiques en bénéficient aussi. Il faut entendre par « animaux domestiques », dans cette culture anglo-saxonne, les chiens, les chats mais aussi les chevaux ! C'est à cette période que mon cheval a commencé à souffrir d'épistaxis et a manifesté dans le même temps des troubles du comportement en se montrant de mauvaise humeur, apathique, asocial avec ses compagnons de pré. J'ai alors pensé que des séances de shiatsu pourraient le soulager également. En une séance, l'épistaxis a disparu et avec deux séances supplémentaires, mon cheval est redevenu lui-même, affectueux, joyeux et sociable. J'ai assisté aux trois séances et ai pu constater à quel point il appréciait cette pratique. Il montrait non seulement des signes évidents de relaxation et de contentement, mais coopérait également en indiquant à la praticienne les zones à masser en priorité. C'était comme si, enfin, quelqu'un comprenait ce qu'il avait essayé d'exprimer depuis plusieurs semaines. Sa reconnaissance était telle qu'à plusieurs reprises au cours des séances, les rôles se sont momentanément inversés et il s'est mis à masser délicatement le dos et les épaules de la praticienne. C'est en l'observant que j'ai pris conscience de la place et de l'importance du sens du toucher chez les équidés. Je suis à présent convaincue que le toilettage mutuel chez des chevaux en liberté ne doit pas être seulement considéré comme un moyen de communiquer entre congénères, ou une forme d'alliance entre deux animaux, mais également comme une façon de se soulager mutuellement de douleurs ou de raideurs passagères. Les chevaux semblent connaître de manière instinctive le réseau énergétique, leurs zones de massage variant en fonction des besoins du moment. Cette qualité d'interaction, de communication subtile avec un animal par le langage du toucher, au cours d'une séance de shiatsu, m'a fascinée et me passionne encore aujourd'hui.

C'est donc au départ pour entretenir le bien-être de mon propre cheval et approfondir les liens qui m'unissaient à lui que j'ai décidé de suivre une formation sur trois ans, auprès de Liz Eddy, en Écosse. L'idée d'en faire mon métier s'est installée doucement et les événements de la vie ont fait le reste, facilitant mon cheminement sur cette voie. Lors de mon retour en France, en 2001, j'ai découvert que cette approche n'avait pas été développée dans l'Hexagone. En m'installant comme praticienne de shiatsu équin, j'allais au-devant d'un travail de pionnier pour faire découvrir cette pratique holistique, partie intégrante de la médecine traditionnelle chinoise. Ces huit dernières années, j'ai mobilisé toute mon énergie pour que le monde équestre français puisse bénéficier de cette ouverture au travail énergétique. J'ai donc beaucoup pratiqué sur le terrain, massé des centaines d'équidés, écrit des articles dans la presse spécialisée, participé à des émissions de télévision, de radio, des salons, des conférences sur le thème du bien-être équin et organisé de nombreux stages de shiatsu. Les cavaliers, propriétaires, responsables d'équidés se sont peu à peu familiarisés avec les bienfaits de cette pratique car son action est intéressante à tout âge, sur tous les types de chevaux, en entretien saisonnier ou en prévention avant une compétition, un transport, un changement de lieu de vie, etc. Elle permet un rééquilibrage en profondeur du corps et de l'esprit. Certains méridiens apaisent le cheval nerveux, tandis que d'autres relancent la vitalité du cheval léthargique qui retrouve ainsi de l'enthousiasme pour le travail. Le shiatsu favorise l'élimination des toxines et des tensions musculaires, contribue à corriger les défauts mineurs du squelette, en particulier les aplombs, facilite le fonctionnement harmonieux du système nerveux ainsi que celui des glandes endocrines, il stimule la ventilation pulmonaire, la circulation du sang et des liquides organiques (dont la lymphe), facilite la digestion, augmente la souplesse corporelle et la mobilité articulaire. Les muscles, ligaments, tendons et articulations s'assouplissent tout en devenant plus résistants, rendant possible l'amélioration des performances physiques et réduisant les risques de blessures. Désormais, je travaille en France, comme je le faisais précédemment en Écosse, avec un réseau de professionnels tels que vétérinaires, dentistes, pareurs, maréchaux-ferrants, ostéopathes, moniteurs et instructeurs mais aussi consultants selliers pour que chaque cheval soit équipé le mieux possible. Notre but commun est d'apporter le confort, le bien-être maximal, en discernant lesquels d'entre nous peuvent agir et en coordonnant nos interventions afin d'obtenir le meilleur résultat possible dans l'intérêt du cheval.

*Agnès Galletier: Cette pratique, que vous permet-elle d'observer chez nos équidés?*

*Christelle Pernot:* Au fil des années, j'ai croisé la route de chevaux de toutes disciplines, vivant dans des conditions extrêmement variées. Les états de mal-être de certains chevaux m'ont profondément interpellée. Pour mieux comprendre le malaise ressenti sous mes doigts, j'ai souhaité approfondir mes connaissances en éthologie et physiologie équine. J'ai étudié l'évolution de l'espèce équine et suis en quelque sorte « retombée amoureuse » des chevaux en découvrant le cheval originel, symbole d'une symbiose réussie avec l'environnement: un animal doté de formidables facultés empathiques, ayant survécu aux grandes glaciations, se déplaçant en troupeau à la recherche de nourriture sur des milliers de kilomètres. J'ai le plus grand respect pour cet animal-là, phytothérapeute extraordinaire, sélectionnant minutieusement les variétés végétales correspondant à son besoin immédiat, grâce à son instinct des cycles biologiques, cycles lunaires et cycles saisonniers de la flore. Il se soignait en se nourrissant, appliquant ainsi les recommandations des médecins traditionnels chinois. L'espèce équine s'est ainsi spécialisée pour répondre aux exigences de son environnement naturel au cours de millions d'années et cette hyperspécialisation la place aujourd'hui dans une situation de (sur)vie difficile. Dans de nombreux cas, le cheval moderne est confronté à des conditions de domestication qui exigent une adaptation rapide, voire quotidienne, en niant, si ce n'est en s'opposant, aux principes de base de sa physiologie et de son éthologie originelles. Je rencontre de nombreux chevaux en grande souffrance adaptative par rapport à la vie qu'on leur impose : l'alimentation industrielle ou la suralimentation en céréales, qui privilégient la digestion chimique, surchargent les organes de cette digestion (estomac, rate, foie, intestin grêle) et saturent les émonctoires, la faible quantité voire l'absence de fibres provoque de graves troubles physiologiques et psychologiques, sans oublier les ravages de la sédentarité et de l'isolement. Le cheval demeure une proie qui trouve sa sécurité physique et sa sérénité psychique dans la fuite et la vie en groupe. Toutes ces conditions de vie fragilisent l'énergie vitale et le capital d'autoguérison de chaque individu. Elles menacent l'avenir de l'espèce dans le sens où elles fragilisent l'énergie ancestrale. Tout comme les humains, les chevaux naissent avec un patrimoine d'énergie, un capital de vie que l'on peut gaspiller ou économiser. Chez de nombreux chevaux, ce capital de départ, transmis de génération en génération, s'affaiblit et favorise un vieillissement prématuré sur des sujets de plus en plus jeunes.

Il me semble que parmi les représentants du peuple animal, le cheval est un modèle animal particulièrement intéressant. Car si les êtres humains possèdent un niveau d'adaptabilité nettement supérieur à celui du cheval, on sait bien aujourd'hui que certaines limites ne pourront être dépassées sans drame. La physiologie et l'éthologie du cheval sont pour moi de véritables modèles écologiques dont nous pourrions beaucoup apprendre. L'urgence que je ressens parfois sous mes mains dans ma pratique du shiatsu entre selon moi en résonance avec les problèmes actuels de l'humanité en matière d'écologie planétaire. L'attitude collective d'indifférence, d'exploitation ou de gérance face à la nature semble entraîner l'humanité vers un dangereux processus de marchandisation du monde. Enseigner, dès le plus jeune âge, à respecter l'éthologie et la physiologie de l'Autre (ici le cheval) pourrait, il me semble, accroître notre conscience collective et écologique.

*Agnès Galletier : En observant la physiologie et l'éthologie équine, l'humain peut-il réfléchir à ses propres besoins ?*

*Christelle Pernot :* Personnellement, de recueillir, séance après séance, les « commentaires » des chevaux sur leur vécu, grâce à l'incroyable richesse du vocabulaire du shiatsu, m'a amenée à m'interroger sur l'irrespect voire la maltraitance que certains leur imposent, le plus souvent inconsciemment, par ignorance, arrogance, manque d'intérêt ou de sensibilité. À partager l'intimité des chevaux au quotidien, à lire sous mes mains les messages de leurs corps et de leurs cœurs, j'ai au fil des ans transformé mes priorités. D'abord pour mes propres équidés, en leur permettant une vie au pré, en troupeau, pieds nus. J'ai accentué la préservation de leur bien-être et la prévention des maladies par une alimentation bio, l'ostéopathie, le shiatsu, la phytothérapie, l'homéopathie, l'argile, etc. Puis, par souci de cohérence, ces choix ont eu un effet ricochet sur l'entourage humain avec l'installation d'un potager pour que toute la famille puisse manger frais, local, de saison et bio. Mais aussi la mise en place d'un système de filtration, de purification et de dynamisation de l'eau, la pratique régulière du yoga et du Qi Gong pour garder un esprit sain dans un corps sain et empêcher l'accumulation de tensions, de fatigue et de stress, choix des « médecines douces ». J'ai même commencé une psychothérapie afin de ne plus projeter mes peurs, angoisses ou colères liées à ma vie personnelle sur mes propres chevaux et ceux de mes clients. Car je tiens à rappeler que l'animal n'est pas seulement le miroir des états mentaux et émotionnels négatifs de son propriétaire, cavalier ou responsable. Il l'est également d'un état d'esprit positif.

Sur le plan professionnel, ce travail sur soi que les chevaux m'ont amenée à faire, m'a permis d'accroître mon empathie. Il favorise une neutralité et une objectivité qui m'aident à ne pas teinter de projections personnelles le bilan énergétique que je dresse aux clients. Je considère cette hygiène du corps et de la pensée essentielle pour accompagner au mieux le cheval et « son humain » sur leurs chemins respectifs.

*Agnès Galletier : En somme, en cherchant à faire du bien aux chevaux, vous en êtes progressivement venue à vous faire du bien ?*

*Christelle Pernot :* Oui, il semblerait que le cheval, animal nomade par excellence, m'ait mise en mouvement. Je suis devenue grâce à lui une taoïste dans l'âme : littéralement une personne sur la voie, qui marche sur le chemin et je sais bien que l'important ici n'est pas l'objectif à atteindre mais le fait de se mettre en chemin. Dans toute situation, de petits aménagements peuvent être proposés pour réduire les facteurs de stress, invitant ainsi le déclenchement du cercle vertueux du bien-être. Je me demande souvent « qui prend soin de qui ? ». Le cheval est un être hypersensible dont les sens sont, par nature comme par nécessité, toujours en éveil. À son contact, j'ai découvert et accueilli ma propre sensibilité. Grâce aux chevaux, je peux dire aujourd'hui qu'il y a plus de respect dans ma vie, plus de respect de soi, de l'autre, qu'il soit humain ou animal, respect de la physiologie particulière de chacun et plus largement respect de notre environnement. Les chevaux m'invitent sans cesse à leur manière à une triple réconciliation avec la nature, les autres et moi-même. Tout comme l'enseignement de la médecine traditionnelle chinoise, ils me font tendre vers plus de cohérence entre mon cœur et mes actions.

En contribuant à la préservation de leur bien-être, je favorise leur disponibilité, de corps et d'esprit, afin qu'ils aient la possibilité d'exprimer au mieux leur nature pacifique et leur immense générosité de cœur. Un cheval en souffrance ne peut pas être présent. Ni à lui-même, provoquant ainsi des risques d'accidents, ni au monde qui l'entoure, ce qui entraîne des conflits relationnels avec ses congénères et/ou son cavalier. Les nombreuses manifestations de reconnaissance de mes patients équins en séance me donnent chaque jour la motivation de persévérer dans ce sens. En soulageant également les maux de leurs cavaliers, propriétaires, responsables, je contribue à une meilleure disponibilité de corps et d'esprit, terreau d'un partenariat véritable.

*Agnès Galletier: Que se passe-t-il dans le couple homme/cheval?*

*Christelle Pernot:* Au fil des années de pratique, je suis arrivée à penser que les rencontres hommes-chevaux n'avaient rien de fortuit. Les résonances entre les chemins de vie respectifs des uns et des autres sont bien souvent trop nombreuses pour être anodines. J'entends par « chemin de vie » nos apprentissages, nos expériences nécessaires pour grandir, pour élever notre niveau de conscience tout au long de notre vie. Je pense que nous rencontrons toujours des circonstances, des opportunités de croître ou… de stagner, selon nos choix. Ainsi, nos chevaux font partie des pièces de cet immense puzzle qu'est le jeu de la vie et que nous attirons à nous ou que nous repoussons. Nous fabriquons leurs équilibres et leurs déséquilibres ainsi que les nôtres à partir des choix plus ou moins justes que nous faisons. Prendre conscience et donner du sens à ce « hasard qui n'existe pas » s'avère être une aide précieuse pour quiconque désire avancer dans la vie grâce au travail sur soi. Ainsi, selon moi, les propriétaires ne sont pas les seuls à choisir leur cheval, les chevaux aussi semblent « choisir » le cavalier qu'ils vont accompagner sur une tranche de vie plus ou moins longue, plus ou moins heureuse. On voit des chevaux devenir boiteux ou agressifs avec des personnes lors d'une visite d'achat, alors qu'ils font un véritable numéro de charme à une autre, pas forcément plus compétente ou mieux intentionnée en apparence. Sur le plan énergétique, je trouve fréquemment des résonances, des correspondances entre les chevaux et leurs propriétaires. Cela peut se percevoir par exemple au travers de blocages énergétiques communs, de raideurs exactement aux mêmes endroits ou en lien direct, l'un cherchant à compenser les faiblesses physiques de l'autre. En effet, comme dans un couple humain, hommes et chevaux finissent par se ressembler car la vie en commun, au quotidien, peut les mener vers des fonctionnements – ou dysfonctionnements – semblables. Il peut également s'agir d'une problématique commune dont la cause, consciente ou non, est d'origine humaine mais somatisée par l'animal. Dans ce cas, il est évident que l'amélioration du cheval ne sera durable que si l'humain se met à son tour en chemin. À ce sujet, je me souviens de ce cavalier d'une quarantaine d'années, amateur de C.S.O., qui souhaitait que je voie son cheval pour des problèmes de peau et d'essoufflement au travail. Il avait ce cheval depuis plusieurs mois, mais avait gardé la selle de son cheval précédent. Celle-ci n'étant pas adaptée à la nouvelle monture, il était plutôt fier d'avoir trouvé une solution en « compensant » avec quatre tapis de selle ! À ma première visite, je constate que la selle est « imprimée » dans le corps du cheval : la circulation de l'énergie dans le méridien concerné, en l'occurrence la vessie, quasiment inexistante, les épaules et le garrot bloqués et le souffle court avec une cage thoracique comprimée et des aplombs cagneux. La peau ne pouvait être que mal oxygénée car elle est en relation avec les méridiens du poumon et du gros intestin en médecine traditionnelle chinoise. Le cheval avait la colique et toussait en mangeant son foin depuis quelque temps. En deux séances de shiatsu à quinze jours d'intervalle, l'état de la peau s'est nettement amélioré et les aplombs se sont redressés tandis que le propriétaire observait d'importants jetages, occasionnés par l'évacuation des toxines, au niveau des naseaux dans les deux jours qui suivaient les séances. Je savais que je ne pourrais pas aider davantage ce cheval sans un changement de selle, ce que le propriétaire a refusé, m'indiquant que cette selle lui avait coûté une petite fortune… et était par conséquent excellente ! D'autre part, a-t-il ajouté, sûr de son fait : « Si mon cheval avait vraiment mal, il me l'aurait dit en me fichant par terre ! » Je lui ai alors expliqué que je ne souhaitais pas continuer les séances car les effets ne pouvaient pas être durables avec un tel facteur externe. En tant qu'interprète de son animal, grâce au langage du toucher, je lui ai fait part de mon ressenti personnel : son cheval était un être dévoué qui supportait son mal-être en attendant que son propriétaire soit informé de la situation. Ceci étant chose faite, il était à présent nécessaire d'agir par rapport à cette prise de conscience. Quinze jours plus tard, la dirigeante du centre équestre où était logé le cheval en question m'appelait pour me raconter l'anecdote suivante : le cavalier était parti en balade le dimanche suivant ma visite, comme à son habitude, mais son cheval l'avait mis à terre à plus d'une heure de marche en pleine forêt et était rentré tranquillement au club avec son filet mais sans sa selle. Le cavalier était rentré à pied, la selle sous le bras.

Visiblement furieux, il n'a jamais voulu donner d'explication. Cependant, dans les jours qui ont suivi cet incident, il m'a rappelée, prétextant qu'il avait eu l'opportunité de faire une affaire et avait ainsi changé de selle. Il souhaitait continuer le shiatsu, ce que nous avons fait. En quelques séances, le cheval a retrouvé confort de vie et harmonie. Le cavalier m'a alors demandé des séances pour soulager… son asthme chronique et sa déprime. Il souffrait également d'un eczéma depuis le décès de son premier cheval (les désordres énergétiques du méridien poumon sont associés au deuil, à la tristesse et à la séparation). Je suis convaincue que ce changement de selle n'était vraiment pas anodin dans leur histoire commune : il a en effet également permis au cavalier à un niveau plus ou moins conscient de faire le deuil de son premier cheval et de s'investir pleinement dans la relation actuelle. Être praticienne de shiatsu pour l'humain est un atout majeur car, comme nous l'enseigne la médecine orientale, tout est lié, à tous les niveaux. Cette rencontre m'a beaucoup apporté : elle m'a appris qu'il fallait veiller à travailler dans l'intérêt supérieur du cheval, apprendre à « lâcher prise » à temps pour préserver sa propre énergie (car nul n'est plus sourd que celui qui ne veut pas entendre), respecter le rythme de progression de chacun et… faire confiance aux chevaux pour faire « avancer » les humains.

*Agnès Galletier : En somme, tel cavalier, tel cheval ?*

*Christelle Pernot :* Je pense que l'on a le cheval qu'on mérite, celui que l'on rencontre sur notre chemin de vie mais aussi celui que l'on « construit » jour après jour par nos comportements. Faire le choix conscient d'accueillir un cheval dans sa vie parce que cette rencontre-là a du sens, parce qu'il n'est pas là pour rien, gratuitement, nous responsabilise et nous permet d'éviter d'attraper cette grande maladie qui tente de légitimer toutes les autres : la « victimite » ! Car le cheval, comme tout véritable partenaire, va nous mettre en face de problèmes, de blocages, de limites, d'attentes, qui peuvent être douloureux. Ainsi, si l'on est mécontent de son cheval, il est toujours intéressant de se remettre en question. Certaines personnes, irritées par les problèmes physiques ou comportementaux de leur monture s'en débarrassent pour recommencer une relation, plus satisfaisante – pensent-elles – avec une autre. Or, les mêmes problèmes surviennent avec la nouvelle monture, tout simplement parce qu'ils sont en grande partie générés par le cavalier. Lorsque l'on ressent une difficulté avec son cheval, il faudrait se demander pourquoi ce problème survient et surtout quel sens cet écueil a pour nous, à quoi celui-ci nous renvoie dans notre histoire personnelle. Pourquoi suis-je donc tant en colère lorsque mon cheval réagit ainsi ? Ai-je fait ce qu'il faut pour qu'il réponde autrement ? Quelles actions de ma part le conduisent à cette réponse ?

Je travaille aussi avec des enfants sur ces thèmes, et les résultats sont très encourageants. Lors d'un stage de shiatsu avec des enfants propriétaires de leurs poneys, nous nous sommes amusés à constater que les « couples » partageaient les mêmes goûts en matière de massage et réagissaient de la même façon. Les uns aimaient les massages de la tête, d'autres ceux du dos. Certains poneys se montraient démonstratifs ou introvertis pendant la séance, exactement comme leurs propriétaires avaient pu l'être pour leurs séances à eux. Cela a beaucoup fait rire les enfants mais, au-delà de l'anecdote, nous avons pu constater à quel point les ressemblances, la similitude des personnalités et des comportements était profonde. J'utilise ici le shiatsu comme outil de communication afin de créer ou d'approfondir les liens entre l'animal et son cavalier/propriétaire. Je vois naître de cette « conversation silencieuse » entre l'animal et l'enfant un partenariat sincère et durable basé sur le respect et l'écoute de l'autre. Ces stages nous invitent à une belle ouverture de cœur, à plus de sensibilité, et me permettent également de montrer aux enfants que les chevaux sont aussi à nos côtés pour nous donner des opportunités de devenir meilleurs.

*Agnès Galletier : Quelle différence existe-t-il entre humains et chevaux au regard de votre pratique du shiatsu ?*

*Christelle Pernot :* La relation à l'émotionnel. En shiatsu, la qualité de la séance dépend en grande partie de la faculté du praticien à se centrer, à vivre l'instant présent et à faire le vide en lui. Cette disponibilité de l'esprit est difficile à atteindre car notre mental complexe et envahissant nous projette sans cesse dans le passé ou dans le futur. Les Chinois appellent ce phénomène, avec beaucoup d'humour, le « singe fou » ! En effet, l'être humain s'identifie souvent à l'émotion elle-même et se retrouve ballotté au fil de ses variations. Il s'emprisonne pendant des jours, des semaines, voire des mois, dans des tensions qui n'ont souvent plus de raison d'être. Le processus de prise de décision chez l'espèce équine est tout autre. De par sa nature de proie, le cheval vit dans un état de vigilance et de disponibilité totale. Sa prise de décision repose par conséquent sur l'appréciation du moment présent et des enjeux relatifs à quelques besoins fonctionnels basiques. Toute information est alors égale à toute autre, à moins que l'intention d'un geste ou d'une émotion ne concentre l'attention globale du cheval en attention ciblée. Les émotions sont considérées comme des informations porteuses de sens et ne sont que cela, ni plus, ni moins. Elles n'ont pas la possibilité de devenir une source de pollution comme il est courant de le voir chez l'être humain, qui se crée des nœuds émotionnels.

L'autre grande différence est l'enracinement. Poser ses mains sur un cheval, c'est se connecter avec cette formidable « prise de terre » qu'est cet animal, fermement ancré des quatre sabots – surtout s'ils sont pieds nus – dans le sol, en lien direct avec les énergies Yin de la Terre. Le cheval nous propose un réel enracinement et non une apparence d'enracinement. Cette qualité d'enracinement calme le mental, l'impulsivité et l'impatience. Au contact des chevaux, nous retrouvons nos racines, notre connexion à la Nature, nous dépassons enfin la superficialité, les tensions ou les conflits. Nous nous laissons moins facilement envahir par des émotions incontrôlées et chaotiques qui nous gâchent l'existence, et par effet ricochet celles de nos proches. C'est pourquoi de nombreuses personnes se sentent comme miraculeusement apaisées au contact des chevaux. Pendant un temps, elles oublient leurs soucis pour n'être

qu'avec le cheval et savourer « l'ici et le maintenant » si cher à la tradition orientale.
Pendant une séance de shiatsu équin, lorsque corps et esprits s'unissent dans l'instant présent, il n'y a plus de mouvement ou de pensée parasite. Un état de fusion totale avec l'animal s'installe. C'est alors la découverte d'un espace de calme et de paix intérieure qui nous amène à faire l'expérience de l'empathie véritable, parfaitement désintéressée et dénuée de toute projection mentale personnelle. Le « singe fou » s'évanouit naturellement et le cheval révèle alors, à mon sens, une de ses grandes vocations, celle de médiateur, de trait d'union entre les énergies de la Terre (Yin – corps) et celles du Ciel (Yang – esprit).

*Agnès Galletier : Pourtant, toutes les personnes s'occupant de chevaux sont loin d'être sereines et décontractées…*

*Christelle Pernot :* Oui, le monde équestre actuel me semble avoir une relation tout à fait à part avec l'animal. La confusion y règne en grand maître. S'y mélangent les notions de dominant/dominé, de substitut en tout genre (enfant, compagnon, amis, etc.) et de défouloir physique et/ou émotionnel. Certains humains confondent malheureusement encore trop souvent service et sacrifice. Certains chevaux sont utilisés comme faire-valoir, mobylettes ou encore poupées. D'autres tiennent une place de premier rang dans le quotidien de personnes abandonnées ou délaissées par leur entourage humain. D'autres sont le réceptacle des sensibilités et attentes divergentes voire contradictoires de plusieurs copropriétaires. D'autres encore ne sont plus autorisés à mener une vie de cheval – sorties au pré, contact avec des congénères, etc. –, tant ils sont étouffés par la possessivité et/ou les angoisses obsessionnelles de « leur » cavalier. Je me demande souvent si la complexité des êtres humains qui gravitent autour du monde des chevaux ne serait pas proportionnelle à l'hypersensibilité et aux qualités thérapeutiques exceptionnelles de l'espèce équine. Je regrette que la plupart des équitants n'aient pas vraiment conscience de ce phénomène. L'empathie naturelle du cheval « absorbe » et réfléchit tel un miroir le mal-être de milliers de professionnels et d'amateurs qui franchissent chaque jour le seuil d'écuries, imprégnés de tensions, de colères et d'angoisses de toutes sortes. Malgré son propre mal-être, plus ou moins important selon les pressions de la sédentarité, l'isolement, l'alimentation inappropriée, le cheval va faire de son mieux pour coopérer et satisfaire. La compassion des chevaux pour nos tensions, nos incohérences, nos errances me bouleversent littéralement. Je suis admirative devant leur capacité à pardonner, à condition qu'il n'y ait pas d'intention réelle de nuire de notre part. C'est une des raisons pour lesquelles je souhaite proposer aux stagiaires, adultes et enfants, de commencer nos journées de stages par un Do-In (auto-shiatsu) ou quelques exercices de Qi Gong. Il me semble essentiel de faire l'effort conscient de nous centrer et de nous « dépolluer » afin de respecter la grande sensibilité des chevaux. Nous pouvons ainsi les approcher avec la douceur qu'ils méritent et une certaine disponibilité. J'aime laisser librement les chevaux et/ou les poneys et les personnes se choisir mutuellement. Il est intéressant de voir qu'en fonction de leur personnalité, de leur histoire, du moment, de ce qu'ils perçoivent de la problématique de la personne, mais aussi de leur degré personnel de mal-être, les chevaux cherchent à rentrer en contact avec une personne plutôt qu'une autre et à communiquer même s'il peut y avoir des obstacles. Comme dans toute rencontre, il y a des attirances, des résonances, des concordances. La séance de shiatsu offre à chacun la possibilité de s'exprimer et d'apprendre l'un de l'autre.

*Agnès Galletier: Les chevaux nous interpellent-ils davantage que d'autres espèces?*

*Christelle Pernot:* En tant que praticienne de shiatsu, je constate que certaines particularités de l'espèce équine permettent un apprentissage du geste juste par un travail approfondi du ressenti et de l'énergie. Les praticiens déjà formés à des techniques corporelles énergétiques pour l'humain et qui se forment au shiatsu équin découvrent souvent au contact des chevaux une finesse de ressenti qu'ils ne soupçonnaient pas. Auprès des chevaux, ils testent véritablement leur degré de sensibilité et mettent à l'épreuve leur capacité d'empathie. Leur pratique auprès des humains s'en trouve toujours enrichie.

Avec les chevaux, on ne peut pas se permettre de poser la main n'importe comment, ni n'importe où. Tout d'abord, la taille et le poids de l'animal nécessitent une bonne flexibilité corporelle et donc une certaine hygiène de vie, un entretien physique. Certaines zones du corps du cheval peuvent être sensibles voire douloureuses: la sécurité du praticien peut être alors mise en jeu. Il faut donc développer une grande qualité d'écoute pour prévenir des réactions négatives éventuelles. On pense parfois être calme, serein au moment de commencer la séance, et pourtant le cheval nous renvoie le fait que nos doigts sur son corps ne sont pas agréables, le contact est inconfortable. En fait, notre dos, nos épaules, nos doigts sont tendus, rigides, ne prennent pas le rythme qui convient réellement, nos articulations « ne laissent pas passer la lumière », nous ne sommes pas véritablement « ancrés » et notre « singe fou » s'agite sans répit dans notre tête, « notre cœur est gros ». L'hypersensibilité du cheval, animal capable de sentir une minuscule mouche sur la moindre partie de son corps et de la chasser grâce à ses muscles peaussiers, ressent intensément cette tension. Son corps se raidit plutôt que de se détendre, sa face se crispe, il rompt le contact en s'éloignant ou bien montre des signes de mécontentement: ses oreilles se couchent, sa queue fouaille… Cette spécificité tactile chez le cheval exige du praticien qu'il adapte ses pressions ou ses techniques dans l'instant, non seulement d'une technique à une autre, en cours de séance, sur le même cheval mais également d'un cheval à un autre. Chaque individu étant unique, chaque animal à son degré de sensibilité propre. Le praticien expérimenté sait s'adapter pour capter sa « fréquence » et offrir une séance sur mesure. Chaque technique est proposée à l'animal et c'est toujours le cheval qui en dispose. Aucune technique n'est jamais imposée par la force car seul le geste consenti est sain et bénéfique.

Sur le plan émotionnel, le cheval est aussi exceptionnel car il nous fait travailler en profondeur sur nos émotions. On oublie trop souvent que ce n'est pas l'événement en lui-même qui déclenche l'émotion, mais bien la manière dont on interprète l'événement qui est responsable de l'émotion ressentie. Auprès des chevaux, nous apprenons à accueillir l'émotion dans sa réalité, sans la juger et sans se juger soi-même, la reconnaître puis la remercier avant de la laisser disparaître. Les chevaux nous proposent un véritable bilan de notre état intérieur, une démarche sincère et profonde vers l'harmonisation des énergies Yin et Yang afin d'appréhender cette union en nous-même. Le cheval nous pousse à être aligné, enraciné. La médecine traditionnelle chinoise nous parle de « vacuité du cœur et de densité du bassin » pour nous rendre disponible à nous-même et au monde qui nous entoure. Le cheval est doté d'une faculté d'empathie extraordinaire et il ne sert à rien de faire semblant, de se donner un air calme et serein, car autant nous pouvons tromper ainsi des humains, leur donner l'apparence d'un équilibre intérieur, autant ce télépathe, hypersensible, est impossible à duper. Auprès des chevaux, l'humain ne peut pas tricher. Il lui est impossible de dissimuler une émotion par une autre. Avec lui, il n'y a pas de faux-semblants. Vous êtes là, disponible, pleinement, réellement, ou bien vous ne l'êtes pas… Et dans ce cas, lui non plus !

*Agnès Galletier : Comment peut-on obtenir une communication harmonieuse ?*

*Christelle Pernot :* On a tendance à oublier que le cheval, de par son statut de proie, est un animal qui passe sa vie dans un état de vigilance permanent. Il jouit d'une vision panoramique lui permettant de voir à 350 degrés. Cette spécificité physiologique est importante car elle lui assure une vision d'ensemble de son entourage. Pendant des millions d'années, les chevaux ont en effet eu à faire face à des situations lors desquelles leur survie même dépendait d'une évaluation et d'une décision – fuir ou non – prises en une fraction de seconde. Ils sont dotés d'une impressionnante aptitude à percevoir et à interpréter correctement tous signaux, même infimes. Ils détectent immédiatement le moindre signal négatif, dissonant, pouvant être interprété comme un danger potentiel. Ceci est toujours vrai aujourd'hui malgré la disparition des prédateurs. Leurs sens sont toujours en éveil et tous les signaux que nous envoyons sont immédiatement perçus et décryptés. C'est pourquoi les chevaux ressentent si facilement le mal-être interne au-delà de la façade que l'homme cherche à imposer plus ou moins consciemment. Un cheval ne pourra par conséquent pas se détendre au contact d'un individu qui se ment à lui-même et s'avère donc potentiellement dangereux pour lui-même et les autres. Lorsque notre « interlocuteur » équin veut bien s'abandonner à nous, nous faire confiance, se détendre en notre présence jusqu'à l'assoupissement, alors qu'il est une proie et nous un prédateur, c'est qu'il nous reconnaît comme un partenaire fiable, un « leader » cohérent. Je parle ici de leader car c'est nous qui initions le dialogue, que ce soit en tant que praticien shiatsu, en venant proposer à domicile nos services, ou comme tout cavalier qui propose une séance de travail à sa monture. Dans le troupeau, le groupe accepte, reconnaît un leader en fonction de sa fiabilité, de ses compétences et non pas parce qu'il est le plus fort, qu'il impressionne par son

apparence ou sa personnalité. Le monde équin ne se réfère pas aux apparences de fiabilité mais à la fiabilité réelle, sur le plan émotionnel, organisationnel, la vie du troupeau entier dépendant de la cohérence d'action et de pensée des leaders. Cette faculté est d'ailleurs en partie responsable de la longévité de l'espèce au fil des millénaires. La confiance ne peut donc pas s'installer si une certaine cohérence n'est pas présente. Ce n'est donc pas par diverses manifestations de force que nous pouvons trouver l'harmonie dans la relation, mais tout simplement en accordant nos gestes, notre cœur et nos pensées et en cherchant à être réellement disponible, présent.
En séance avec un cheval, je sens qu'à tout instant, la nature de l'intention qui guide mes gestes est éprouvée par un animal véritablement maître en matière de cohérence intérieure. Cette notion d'intention dans le geste, déjà présente dans la pratique du shiatsu humain, prend ici pour moi une dimension supplémentaire. En shiatsu équin, le talent naturel des chevaux à ressentir les changements subtils des états physiques et émotionnels des humains fait d'eux des professeurs d'une valeur inestimable. Ce sont eux les véritables enseignants des formations que j'anime.

*Agnès Galletier : La pratique de l'équitation apporte-t-elle un bienfait énergétique ?*

*Christelle Pernot :* Certainement. La médecine traditionnelle chinoise nous parle du corps comme d'un puzzle dont chaque pièce est reliée aux autres de manière subtile, l'esprit étant intimement lié au corps. La région du Ming Men est située entre les lombaires L2 et L3. Elle est le lieu de concentration des forces vitales thésaurisées par les reins, situés de part et d'autre, derrière les côtes basses. Les Chinois nomment cette région la « Porte du Destin » ou « Porte de la Vitalité » car elle est associée à la connaissance du projet de vie de chacun ou de « Mandat Céleste ». C'est aussi un des points clés du passage de l'énergie dans le corps. Cette zone est sollicitée en équitation : le cavalier « encaisse » les secousses des différentes allures et communique avec son cheval grâce à la mobilité de son bassin. Il relâche son pelvis et se laisser aller au rythme de son souffle pour accompagner de son assiette les allures de son cheval. Or, la participation active de cette région du corps repose sur l'absence de résistances conscientes ou inconscientes, par un « déverrouillage » du bassin, l'ouverture de la région de l'aine et le renforcement de la zone lombaire. Le cavalier s'ancre, s'enracine, zone du périnée au contact de la colonne vertébrale (appelée arbre de vie) de son cheval et se relie ainsi à l'énergie Yin de la Terre. Vivifiée par le souffle conscient, très important en shiatsu comme en équitation, l'énergie des reins, Yin du Yin, recharge l'ensemble du corps sur le plan énergétique, entraînant la stimulation des glandes surrénales. Cela permet la disponibilité à un alignement intérieur, une écoute profonde, un état de réceptivité. Sur le plan émotionnel, l'énergie Yin apaise les conflits intérieurs et soulage l'esprit des doutes et des peurs. L'esprit s'éclaircit et libère sa capacité d'intuition. C'est pourquoi le cavalier, après une « bonne » séance d'équitation, ressent un tel apaisement. Que l'on soit homme ou femme, la pratique de l'équitation nous fait renouer avec notre côté Yin, avec la part de féminin qui sommeille en chacun de nous, ce féminin qui nous fait prendre conscience du potentiel de l'intuition comme mode de connaissance et nous propose de (re)trouver l'impulsion vitale de l'Eau (élément Eau et ses méridiens associés rein et vessie), source de toute vie.

*Agnès Galletier : La féminisation de l'équitation s'explique-t-elle selon vous par cette relation entre cheval et énergie Yin ?*

*Christelle Pernot :* L'importante féminisation du milieu équestre ces dernières années m'a naturellement amenée à réfléchir sur la femme et son rapport au cheval, et plus généralement à la place de l'énergie Yin dans nos sociétés occidentales. Il me semble que les femmes viennent aux écuries pour assouvir leur besoin de Yin, de féminin, que la société ne leur offre plus. Partout, dans tous les secteurs d'activité, l'énergie Yang est favorisée et mise en valeur. L'hyperactivité physique et intellectuelle (phénomène de type Yang) est devenue la norme pour beaucoup de nos concitoyen(ne)s. À longueur de journée, les femmes sont bombardées d'énergie masculine et ne trouvent plus leur place réelle dans leur vie quotidienne. Tout est combat, agressivité, prédation, vitesse alors que l'énergie féminine est avant tout dans la réceptivité, dans l'écoute, dans un temps plus lent, une énergie plus pacifique et intuitive. Les femmes perdent ainsi, peu à peu, contact avec leurs racines et se sentent « déconnectées ». Les chevaux proposent de (re)nouer avec ces énergies féminines qui ouvrent à la sensibilité, la douceur, l'attention à l'autre, le silence intérieur, la finesse, la sensualité… Au-delà des notions de compétition et de rivalité, les chevaux nous permettent de vivre une réconciliation en nous-mêmes, à travers l'harmonisation des énergies opposées mais néanmoins complémentaires en chacun de nous, que l'on soit homme ou femme. Ne serait-il pas temps de sortir du discours occidental du système binaire ? Inspirons-nous de la tradition orientale et de l'image du Yin et du Yang : on y découvre des comportements féminins et masculins nécessairement différents, mais également complémentaires. Il n'y a pas de Yang sans Yin. Il y a toujours un peu de Yin dans le Yang et vice versa. L'un n'exclut pas l'autre.

Les hommes qui se tournent vers le shiatsu équin témoignent d'une remise en question qui s'amorce dans le milieu équestre et fait écho à une prise de conscience plus globale. Ils assument leur côté Yin, leur sensibilité, se montrent soucieux du bien-être physique et émotionnel de leurs chevaux pour envisager une performance sportive. Voici à titre d'exemple le mail d'un de mes stagiaires, qui après avoir fait l'expérience en entreprise du coaching par le cheval a souhaité participer à un stage d'initiation de deux jours en shiatsu équin : « Merci pour cette rencontre qui m'a permis d'ouvrir les yeux (et le cœur) sur ce qui me touche vraiment. J'ai hâte de démarrer la formation, et je sens qu'un nouveau chemin de vie s'offre à moi désormais. Je continue la lecture de *Riding Between the Worlds* de Linda Kohanov que tu m'as conseillé : c'est vraiment passionnant, et ça me permet de comprendre ce que la rencontre avec les chevaux a déclenché chez moi. Certains passages sont émouvants, et d'autres pas très tendres, mais ô combien réalistes, sur cette société qui nous refuse toute expression des émotions et des sentiments. » Ces hommes qui osent faire émerger le féminin en eux me touchent profondément car d'un point de vue beaucoup plus large, il me semble que l'énergie Yin est une des clés de l'enjeu écologique actuel. Cette énergie nous reconnecte à nos racines, elle nous apaise le corps, l'esprit et l'âme. Elle nous encourage à méditer sur le sens de la vie, nous relie à nous-mêmes, aux autres et à la Terre car l'énergie féminine prend naturellement soin de la vie, des autres, des enfants, de l'alimentation, de l'éducation et de la santé, mais aussi de notre monde intérieur. Cette notion de soin s'inscrit au cœur de la réflexion des problématiques planétaires présentes et à venir.

*Agnès Galletier : Comment, d'après vous, les chevaux réagissent-ils face à notre mal-être ?*

*Christelle Pernot :* Il me semble que de nombreux chevaux n'ont tout simplement pas d'autre choix que celui de nous supporter. En niant quotidiennement son identité d'herbivore, de nomade, d'animal grégaire et de proie, certaines conditions de vie fragilisent l'énergie vitale de l'animal. De nombreux équidés sont parfois leur vie entière dans un état de dépendance totale par rapport à leur propriétaire, cavalier, responsable : ils n'effectuent plus aucun choix librement. Parce que je veille à pratiquer dans des conditions qui permettent à mon « interlocuteur » de s'exprimer librement, à tout instant, pendant la séance, le shiatsu m'a permis de voir concrètement la grande générosité des chevaux. Je pense à un exemple précis : lors d'un module de formation, une jeune femme travaillait avec un cheval avec beaucoup de précision, d'intensité et manifestement un réel plaisir. Ce plaisir fut partagé par le cheval le temps normal de la séance, c'est-à-dire le temps nécessaire pour débloquer et accompagner une remise en route des énergies. Une fois l'objectif atteint, l'insistance de la stagiaire devint d'abord superflue puis inconfortable. Je savais que cet excès de zèle pouvait, s'il se prolongeait, devenir perturbateur de tout le bien-être précédemment obtenu. Ce point, ce temps « juste », est normalement perceptible par le cheval comme par le praticien. En tant que formatrice, j'ai pourtant fait le choix conscient de faire confiance au « hasard qui n'existe pas », et au cheval qui avait suffisamment de place pour s'éloigner et mettre ainsi un terme de lui-même à la séance. Justement, ce module de formation portait très précisément sur la notion d'« arrêter à temps » afin de rester sur une note de détente, d'harmonie et éviter les gestes parasites. Après quelques minutes, le cheval qui ressentait clairement que la séance aurait déjà dû s'achever, a montré de petits signaux d'agacement, d'impatience devant tant de zèle. Mais la stagiaire a continué son intervention, encore un bon quart d'heure, ce qui devenait gênant pour tout le monde… sauf pour elle ! Le cheval restait malgré tout près d'elle et attendait qu'elle ait pris tout son saoul de thérapie. Elle n'était en effet plus à l'écoute du cheval et de ses besoins, car le dialogue était rompu, mais elle continuait pour se faire du bien. À l'issue de cette séance, elle m'a avoué avoir été consciente du moment où elle aurait dû clore le massage. Mais ce cheval lui avait donné « si généreusement

et si gratuitement » de tels signes de contentement, qu'elle en avait été bouleversée ! Elle avait fini par perdre de vue l'objectif de la séance, émerveillée devant tant de témoignages spontanés de gratitude. Elle s'était sentie si valorisée pour ce qu'elle offrait avec bonheur qu'au moment voulu, elle n'avait pu se décider à s'arrêter. Cette expérience m'a offert l'opportunité d'expliquer ce jour-là au groupe de stagiaires, qu'en tant que professionnels du bien-être, nous nous devons d'être au service du cheval et non le contraire, même si lui faire du bien nous en fait aussi ! Cette expérience a mis au jour la nécessité du travail sur soi qui permet, petit à petit, de dépasser ce type de dépendance : celle du praticien envers ses patients.
Selon moi, cet exemple en dit long sur nos rapports, le plus souvent inconscients, aux chevaux : sous couvert de les aider, de nous en occuper, nous nous soignons souvent nous-même, nous pansons nos blessures. C'est le cas de nombreuses femmes, qui, en arrivant en stage de shiatsu, expriment très fréquemment l'envie, le besoin de masser les chevaux, de les aider, de leur faire du bien. Cette démarche est naturellement tout à fait honorable. Elle peut cacher cependant, dans certains cas, un manque affectif inconscient, une soif d'attention maladive, un besoin compulsif d'aider les autres pour aller bien soi-même. L'amour et la confiance sans condition, ressentis auprès des chevaux dans ces moments de grâce, apaisent certains traumatismes de l'enfance et/ou de l'âge adulte, pour ceux et celles, qui ont, malheureusement, été aimés ou sont encore aimés sous condition. La réponse immédiate, toujours parfaitement juste et honnête du cheval, sa gratitude pour

l'harmonie et la détente retrouvées, son respect pour le temps accordé et le don de soi, aident à reprendre confiance en soi et en l'autre, consolident l'identité et acheminent petit à petit vers l'estime de soi. C'est l'expérience du langage du cœur que les chevaux nous proposent de vivre.

*Agnès Galletier: Et les chevaux, y trouvent-ils leur compte?*

*Christelle Pernot:* Pendant des millions d'années, le cheval, animal en recherche constante de symbiose avec son environnement, s'est transformé et spécialisé. Ses merveilleuses capacités d'empathie avec le milieu naturel et ses congénères ont assuré la préservation de l'espèce, à l'état sauvage. Cette empathie naturelle est intacte chez le cheval domestique. Elle continue d'exister mais doit fréquemment faire face aujourd'hui – et ce depuis une soixantaine d'années environ – à des conditions de vie qui usent et fragilisent l'énergie vitale, menant certains individus jusqu'à la perte de l'instinct de préservation. Le degré de maltraitance et la violence de nos exigences humaines actuelles sont les nouveaux prédateurs du cheval, prédateurs bien plus redoutables que les attaques ponctuelles des carnivores d'autrefois car ceux-ci ne laissent aucun répit, œuvrant au quotidien et s'inscrivant sur le long terme. Mes mains sont témoins de l'inconfort, du mal-être, de la détresse de ces chevaux: le capital de vitalité des méridiens, la libre circulation ou non de l'énergie dans le corps me parlent de cette souffrance et de l'absence de qualité dans la relation homme/cheval. Pour certains chevaux, la stimulation du drainage lymphatique et l'élimination naturelle des toxines et tensions musculaires favorisées par le shiatsu est laborieuse. Je rencontre de nombreux chevaux qualifiés de « vieux », de plus en plus jeunes, car usés tant sur le plan physique qu'émotionnel. Une séance de shiatsu peut être un des moments propices à une prise de conscience de la part du cavalier, propriétaire, responsable. Le bilan énergétique sert alors de point de départ. Il permet de prendre la part de responsabilité qui nous incombe et nous engage vers une réflexion plus profonde sur notre relation au cheval. Par amour pour leurs chevaux, j'ai rencontré certains humains prêts à se remettre profondément en question, à s'informer sur les besoins physiologiques et émotionnels de leurs chevaux, à se positionner et s'impliquer davantage, à recevoir des séances de shiatsu pour eux et même pour certains à démarrer une psychothérapie !

De beaux projets autour du cheval comme partenaire, déjà bien implantés dans de nombreux pays, voient également le jour en France depuis quelques années : l'initiation à l'art d'être à cheval en liberté, sans selle ni bride, en est un exemple. Elle permet de découvrir une proposition grâce à laquelle le cavalier ne cherche plus à maîtriser le cheval – et encore moins à le soumettre – mais à entrer en connexion profonde avec une monture véritablement libre de s'impliquer dans l'action. Il existe également le coaching par le cheval en entreprise, le yoga à cheval, l'équithérapie, la Biodanza ou encore les « constellations familiales » qui utilisent le cheval comme acteur du développement personnel des humains. Le cheval est alors acteur, sa « voix » est mise en valeur et accompagne le cheminement intérieur de l'humain. Il s'agit d'ÊTRE réellement ensemble. On y rencontre des formateurs désireux de transmettre et des stagiaires qui ont soif d'apprendre avec des chevaux disponibles, de corps et d'esprit, car évoluant dans des environnements respectueux des besoins fondamentaux équins.

Je ne m'étonne pas de l'émergence de cette conscience du bien-être de l'autre auprès des chevaux. En terme énergétique, le cheval est pour moi un être tout à fait particulier. Pendant des millions d'années – et ce bien avant le début de l'humanité –, il s'est transformé, spécialisé et s'est doté de quatre antennes terminées par un sabot unique, véritable organe des sens, qui captent les énergies de la Terre (Yin). Le cheval est le seul herbivore qui marche sur un pied ou plutôt un doigt, le majeur, celui qui correspond en médecine traditionnelle chinoise au trajet du Maître Cœur, sur les antérieurs, et du Triple Réchauffeur, sur les postérieurs. C'est le doigt central, celui de l'équilibre, de la justesse et de la cohérence. Ces méridiens sont associés à l'élément Feu, au cœur, à la bienveillance, à l'amour, au Yang du Yang et sont en rapport avec la spiritualité et la conscience. Le Yang qui naît du Yin, y puise ses racines. J'y vois un signe : le cheval est un artisan de la paix, un « ambassadeur » de (et du) Cœur, il nous invite à la réunion positive des aspects fondamentaux Yin et Yang, à faire l'expérience des deux aspects d'une même réalité, à relier en nous les énergies de la Terre et du Ciel, il nous permet de renouer avec la part de sacré qui cherche à s'exprimer en chacun de nous. Si nous apprenons à le respecter vraiment, alors il sera très certainement un de nos guides vers un nouveau paradigme, pour un

XXI^e^ siècle alliant progrès et tradition, Occident et Orient, un avenir où femmes et hommes œuvreront de manière solidaire au service d'une société de l'ÊTRE, respectueuse de toute forme de vie.

*Agnès Galletier: Et vous, personnellement, que vous a apporté le cheval?*

*Christelle Pernot:* Comme de nombreuses personnes, j'aime les animaux depuis l'enfance. Mais le cheval est un être tout à fait à part dans ma vie. Il en est le fil conducteur, le compagnon de voyage privilégié depuis notre rencontre lorsque j'avais 6 ans. Il m'a accompagnée avec bienveillance à chaque étape de ma vie et je lui dois de nombreuses transformations intérieures.
En première année d'école primaire, j'étais une enfant tellement timide que je n'osais jamais prendre la parole en public. La maîtresse avait passé l'année scolaire sans entendre le son de ma voix. C'est d'ailleurs elle qui a suggéré à ma mère de m'inscrire au poney afin « de m'aider à m'extérioriser ». J'ai eu la chance de tomber dans le poney-club d'un homme, Jean-Michel, qui avait une approche extraordinaire de la relation entre enfants et poneys. Il nous faisait monter à cru et en licol, nous incitait à passer beaucoup de temps à panser les poneys, à leur parler, à partager des jeux à terre avec eux, tant avant qu'après la séance. Les poneys m'ont enseigné de nombreuses valeurs essentielles: le respect de la nature, les règles de base de la vie en société, l'affirmation de soi, la persévérance, l'humilité et le sens des responsabilités. Je n'en avais évidemment pas conscience alors, mais je crois que la proposition du cheval d'acquérir un

meilleur rapport à moi-même et aux autres a commencé à cette période-là.

Je me souviens encore aujourd'hui d'une des histoires que ce moniteur avait l'habitude de nous raconter: il s'agissait de la manière dont les Indiens constituaient leurs troupeaux de chevaux. Ainsi, nous racontait-il, un Indien qui avait sélectionné un cheval avec soin qu'il avait ensuite séparé du troupeau puis pourchassé pendant un long moment, finissait par passer des heures et même parfois des jours à côté de lui, se laissant renifler, offrant son odeur en lui tendant la main, ou soufflant doucement dans les naseaux. Ce partage des souffles était considéré comme sacré. L'homme caressait ensuite avec respect le cheval, lui parlant doucement, puis passait délicatement ses bras autour de l'encolure dans l'attente DU signal ! Ce signal ? Un long soupir qui venait sceller le pacte de « fidélité éternelle » et qui allait faire que ce cheval autrefois sauvage allait « choisir » de rester au campement sans plus jamais essayer de rejoindre son troupeau et accepter que l'homme monte sur son dos, sans rapport de force ni violence. Cette histoire a profondément frappé mon imaginaire d'enfant. Elle me fait sourire aujourd'hui car des années plus tard, je commence souvent mes stages ou conférences en lisant un extrait du livre de Joseph Epes Brown, *L'héritage spirituel des Indiens d'Amérique*, qui dit ceci: « Il y a dans les nombreuses coutumes indiennes [...] l'idée implicite constante, et même des références directes au fait que les animaux ne sont pas inférieurs aux humains; au contraire, parce qu'ils apparurent les premiers dans l'ordre de la création, et qu'on leur témoigne un respect dû à leur ancienneté, les animaux

sont considérés comme les guides et les enseignants des hommes – en un sens, leurs supérieurs. »
Mon premier cheval, un selle français réformé des courses et offert par mon oncle quand j'avais 15 ans, est très certainement l'un de mes « supérieurs » ou maîtres de vie. Miroir fidèle de mon état émotionnel pendant l'adolescence, il a toujours su exiger de moi que je retrouve mon calme pour mériter de le monter. Il m'a également aimée, réconfortée et aidée à trouver des repères pendant le divorce de mes parents. C'est à cette époque que je lui ai promis une vie au pré, libre et en troupeau. Cette promesse m'a donné la motivation et la détermination d'accéder à l'indépendance financière le plus rapidement possible. Quelques années plus tard, j'ai réalisé ce rêve en allant vivre en Écosse où mon cheval m'a suivie et appris l'anglais (plus vite que moi !). Merveilleux substitut de famille, il m'a donné, là-bas, à la fois des racines mais aussi un prétexte idéal aux rencontres autour de l'équitation facilitant ainsi mon intégration dans un pays étranger. Cette qualité de vie auprès de mon cheval, dans un cottage écossais en pleine nature, est restée une de mes priorités de vie, une fois rentrée en France. J'aime, tout particulièrement aujourd'hui, m'asseoir ou me coucher dans l'herbe, au crépuscule, en été, et observer mes chevaux brouter paisiblement. Je suis toujours émerveillée par leur étonnante capacité de symbiose avec l'environnement et leur connexion individuelle permanente au reste du groupe. Il semble se dégager dans ces moments-là une harmonie, un bien-être que j'ai le sentiment de partager comme par contagion. Je goûte au concept d'unité, à cette communion, à cette interdépendance étroite entre

toutes les manifestations de la vie : je pense à la médecine traditionnelle chinoise qui nous enseigne que tout est énergie, tout est relié subtilement, en étroite interdépendance, à tout, partout et toujours. Tout se répond car l'interconnexion est totale. Chaque être est unique et en même temps chaque être appartient au tout. Auprès de mes chevaux, je me sens profondément incarnée, vivante, reliée, en lien avec une certaine conscience collective. Un sentiment d'appartenance m'envahit et me bouleverse au plus intime de mon être. C'est comme si je pouvais entendre autour de moi le souffle des « dix mille êtres » de la tradition orientale… Les nombreuses années de vie commune nous ont unis mon cheval et moi à un degré que je ne soupçonnais pas : il m'a accompagnée jusque dans la maladie, par empathie, pendant une des périodes les plus difficiles de ma vie. Nous avons alors « partagé » le même désordre énergétique en le manifestant chacun à notre manière. Cette expérience m'a fait découvrir la notion d'accompagnement animal.

Dans ma pratique professionnelle du shiatsu, je suis le témoin privilégié de la place que tient le cheval auprès d'un humain, au sein d'un couple, d'une famille et le rôle qu'il y joue, la manière dont il participe au travail sur soi grâce à l'effet miroir. La notion d'animal-guide, d'animal-témoin, d'animal-guérisseur s'est imposée à moi. Certains chevaux entrent effectivement comme « en résonance » avec leur entourage, développant des déséquilibres énergétiques similaires ou révélant un vécu proche des grandes problématiques existentielles humaines. Comme je l'ai dit précédemment, la rencontre d'un cheval et d'un humain n'est jamais anodine : notre attirance pour un cheval plutôt qu'un autre est toujours porteuse d'un sens dont ce cheval-là se fait le messager. La notion de « cheval-accompagnant » est aujourd'hui au cœur de mes réflexions de praticienne shiatsu. Joseph Epes Brown raconte dans son livre que « selon un récit pawnee, un grand conseil de tous les animaux (Nahurac) siège en permanence dans une caverne creusée sous une montagne ronde (Pahok), réellement située, croit-on, près du Missouri. Ces animaux dirigent les affaires des humains quel que soit l'endroit où ils se trouvent sur Terre, et si un homme ou une femme, dans le besoin ou dans la peine, recherche de l'aide en toute humilité – éventuellement à travers une quête de vision –, le conseil désignera l'un de ses membres – ailé, quadrupède ou rampant – afin que celui-ci apparaisse à l'homme ou à la femme pour lui insuffler un peu de son propre pouvoir, et lui donner un conseil qui pourra le ou la guider tout au long de sa vie ».

Cette vision du monde me touche car elle fait écho à mon ressenti profond. Elle parle à mes tripes et à mon cœur. L'amour inconditionnel de mon premier cheval me porte et m'a guidée vers l'univers fascinant de la médecine traditionnelle chinoise et de la philosophie taoïste. Celle-ci m'a donné l'envie de m'impliquer, de m'informer afin d'optimiser le confort physique et émotionnel de mon partenaire de vie équin. Elle a su également apaiser mes angoisses et mes colères en donnant du sens aux événements de la vie dont l'apparition du mal-être. Je peux dire que nos vies sont plus douces depuis.

Enfin, je dois au cheval d'exercer aujourd'hui un métier dont je n'aurais pas même osé rêver lorsque j'étais plus jeune : un métier passion qui m'offre des moments de connexion profonde, intime avec un animal que j'aime et que j'admire depuis toujours. La bienveillance des chevaux envers les humains est un exemple pour moi ; elle me montre la compassion envers les autres mais aussi envers moi-même, elle m'enseigne à prendre du recul, à ne plus juger, à ne plus me juger si sévèrement. Certaines rencontres humaines et animales entrent en résonance avec mon vécu et c'est alors l'occasion pour moi de faire l'expérience du miroir thérapeutique. Je garde en mémoire des rencontres équines qui ont su mettre en lumière certaines facettes de mon histoire personnelle et balayer mes certitudes, mes préjugés, mes doutes ou mes peurs. Certains chevaux et leurs propriétaires, cavaliers ou responsables se font, en effet, parfois le vecteur inconscient du développement personnel du praticien : qu'ils en soient remerciés. Je dis souvent que le cheval m'a ouvert le cœur et la conscience car il participe à la mise en cohérence de mon corps (actes), de mon esprit (pensées) et de mon âme (intuition). Il me guide chaque jour davantage vers le meilleur de moi-même et a donné un sens (signification et orientation) à ma vie professionnelle : transmettre aux passionnés d'équidés, de tout âge et de toute discipline, mes connaissances en shiatsu appliquées aux chevaux, former des praticiens et praticiennes de qualité. Être le témoin de la reconnaissance de mes patients équins et des métamorphoses des humains qui les accompagnent est la plus belle récompense de cet engagement. Je n'ose imaginer la richesse des expériences encore à venir auprès des chevaux. La vie m'a prouvé à maintes reprises qu'elle avait toujours bien plus d'imagination que moi !

# Kevin Staut

Kevin Staut, cavalier en C.S.O., est devenu, à 28 ans seulement, champion d'Europe 2009 et numéro un mondial en août 2010. Il est né et a grandi en France, mais vit actuellement en Belgique, tout près des écuries où il travaille quotidiennement avec une quinzaine de chevaux, dont le fameux Kraque Boom avec lequel il a décroché son titre de champion d'Europe.

*“Le courage, l'audace, le travail acharné ne suffisent pas à bâtir une carrière de cavalier professionnel.*
*Il faut aussi, paradoxalement puisqu'il s'agit de cheval, « s'humaniser » si l'on veut durer dans le sport équestre.*
*Je pense que c'est le seul sport*
*qui façonne à ce point le caractère.”*

*Agnès Galletier: D'où vous vient cette passion pour le cheval et les sports équestres ?*

*Kevin Staut:* Je fais partie de cette première génération de cavaliers professionnels qui n'appartiennent pas, de naissance, au milieu du cheval. Nous sommes ainsi un certain nombre aujourd'hui dans les sports équestres de haut niveau, alors que ce profil était auparavant totalement atypique. Je pense que cette nouvelle génération, arrivant « vierge » d'une culture équestre familiale, dispose d'une certaine liberté dans sa façon d'aborder l'équitation et en général le rapport aux chevaux.

Mon attirance pour les animaux est innée. Mais la rencontre avec le cheval a eu lieu dans des circonstances particulières. Il a fallu un déménagement dans les Yvelines, puis en Normandie, pour que cet animal fasse partie de mon univers. J'ai commencé à monter vers l'âge de 11-12 ans, à double poney. J'avais pratiqué d'autres sports auparavant, tel le judo, mais la dimension affective de l'équitation m'a apporté tout autre chose. Au départ, je préférais même rester avec les chevaux, m'en occuper, les toiletter, plutôt que de monter vraiment. À

cette période de ma vie, mes parents divorçaient et je pense que j'ai ainsi pu exprimer, auprès des chevaux, mon mal-être et mon besoin d'affection.
Cette relation intime au cheval ne plus m'a jamais quitté et a balisé ma vie de cavalier. J'aimais la compétition et me suis progressivement rendu compte qu'à cheval je parvenais à des résultats jamais atteints pour moi dans d'autres sports.

*Agnès Galletier : Pensez-vous que votre relation affective au cheval ait orienté ces résultats ?*

*Kevin Staut :* J'en suis convaincu. Le *feeling* entre le cavalier et le cheval est très important pour le résultat. Les championnats les plus importants sont obtenus avec un cheval que l'on connaît depuis longtemps, avec lequel on a développé une complicité, un lien affectif et pas seulement travaillé une technique. Je pense qu'il faut vivre avec ses chevaux pour vraiment les connaître et obtenir le meilleur d'eux-mêmes. J'entends par « vivre avec eux » être là le matin, à 6 h 30, pour la distribution de la première ration, les observer au réveil pour discerner s'il y a une gêne, une raideur, un manque d'appétit, un léger abattement qui peuvent très bien ne plus apparaître une heure plus tard. Je passe douze heures par jour aux écuries et je ne me contente pas de monter, de demander des exercices à mes chevaux, d'exiger d'eux qu'ils me donnent ce que j'attends. Je suis aussi là pour leur donner du temps, de l'attention, les câliner, les masser, travailler en liberté, jouer avec eux. Je les monte moi-même pour l'échauffement et la récupération plutôt que de demander à un groom de le faire. Je les ai longtemps accompagnés lors des transports et regrette que la fréquence des compétitions et leur répartition géographique m'empêchent désormais de le faire. Selon moi, c'est ainsi que l'on peut vraiment connaître ses chevaux et obtenir la meilleure collaboration possible. Car il ne faut jamais oublier que dans notre sport, il s'agit bien d'une collaboration avec un être qui a son caractère, ses humeurs, sa volonté, ses talents et ses failles. Il faut donc à chaque instant trouver un accord, communiquer pour aller ensemble vers le même but en tirant le meilleur parti de nos compétences respectives. Et cela passe par une écoute, une intimité de tous les instants afin de sentir la moindre alerte, de détecter un petit passage à vide ou une contrariété. Dans les sports équestres, la technique est importante mais nos résultats peuvent varier énormément en fonction d'imprévus, de dimensions incontrôlables telles que l'état physique et psychique de votre cheval ce jour-là ! Certains cavaliers choisissent d'adapter leurs chevaux à leur méthode. D'autres, comme moi, préfèrent adapter leur méthode aux différents chevaux. Les deux peuvent fonctionner, mais je pense que l'on s'approche davantage de la meilleure performance possible par l'écoute mutuelle plutôt qu'en contraignant par une discipline de fer comme on l'a vu faire à d'autres époques.

*Agnès Galletier : Qu'est-ce qui différencie les sports équestres d'autres sports ?*

*Kevin Staut :* Comparé à d'autres sports, l'hygiène de vie est beaucoup moins importante. Certains cavaliers fument, boivent, font des excès, sans que leurs résultats en pâtissent. Autre spécificité : la technique est importante dans notre domaine mais très aléatoire. Les résultats sont soumis à de multiples facteurs imprévisibles, du fait même de devoir collaborer avec un autre être vivant qui a ses propres stress ou baisses de forme. Chaque week-end, le même couple peut avoir des résultats totalement différents aux concours et sa performance est à chaque fois remise en question. Pour les cavaliers, c'est une véritable leçon d'humilité que de subir d'aussi nombreuses et imprévisibles contre-performances. Cela nous pousse à respecter l'adversaire, y compris celui qui vient de faire un mauvais parcours, car cela peut nous arriver le jour suivant.

Autre spécificité de notre sport : la durée. Un cavalier peut mener une carrière de 15 à 70 ans, ce qui est impossible dans les autres disciplines. Être champion du monde de C.S.O. à 60 ans, tel que l'a été Michel Robert, est inenvisageable pour d'autres sportifs. Cette notion de durée est omniprésente pour nous : il nous faut du temps pour former un couple gagnant avec un cheval, l'attendre des années durant afin qu'il puisse livrer le meilleur de lui-même, en confiance avec nous. Le parcours est donc très long et aléatoire pour parvenir au top niveau. Ensuite, les décrochages peuvent arriver brutalement puis s'éterniser. Chez les autres sportifs, les creux ne durent que deux ou trois ans maximum, avant de pouvoir revenir sur les podiums. Nous autres cavaliers, si nous perdons le couple idéal avec un cheval, pouvons rester dix ans au creux de la vague, voire ne jamais revenir au top si la chance ne nous est pas donnée de rencontrer un nouveau partenaire pour atteindre ce niveau.

Les cavaliers sont donc contraints à la patience et à l'humilité. Ceux qui arrivent en jeunes coqs arrogants dans ce sport tiennent peu de temps s'ils ne parviennent pas à intégrer ces deux valeurs fondamentales. Le talent, le courage, l'audace, le travail acharné ne suffisent pas à bâtir une carrière de cavalier professionnel. Il faut aussi, paradoxalement puisqu'il s'agit de cheval, « s'humaniser » si l'on veut durer dans le sport équestre. Je pense que c'est le seul sport qui façonne à ce point le caractère.

*Agnès Galletier: Ce phénomène est-il lié au monde du cheval ou à l'animal lui-même?*

*Kevin Staut:* Assurément à l'animal! Le milieu des sports équestres est en lui-même plutôt corrompu. Il y a beaucoup d'argent en jeu. C'est uniquement le rapport au cheval qui nous pousse à devenir meilleur car il nous contraint à la patience et à l'humilité. Il nous pousse aussi vers toujours plus de justesse. Le système de compréhension du cheval est très simple. Il nous faut être très clair, sans ambivalence, afin qu'il sache clairement ce que l'on attend de lui. Il n'y a pas de demi-mesure, de demi-teinte. Il faut vraiment savoir ce que l'on veut et comment on le veut pour dire au cheval: « Là tu es dans le juste, là non. » Tout en restant à son écoute, attentif à son degré d'intégration de l'information, à sa forme physique, sa disponibilité psychique... Aucun cheval ne veut spontanément devenir sportif de haut niveau, passer sa vie à travailler avec des cavaliers, sauter des barres très hautes, rester enfermé des jours entiers dans des camions et des nuits dans des box démontables, dans des halls de béton et de tôle. C'est l'éducation et l'attachement à son partenaire humain qui vont l'y amener. Seul un animal dont on a su faire un allié dans sa démarche sportive peut vous accompagner au meilleur niveau. Car lui aussi éprouve du plaisir à vivre sa carrière de champion, à sentir un public l'acclamer. C'est heureusement le cas de nombreux chevaux de compétition qui restent d'ailleurs en pleine forme jusqu'à des âges avancés et que l'on voit déprimer lorsqu'ils sont à la retraite. Ils semblent désœuvrés à vivre une simple vie de cheval, parmi leurs semblables, dans un pré.

*Agnès Galletier : Comment obtient-on cette implication, ce plaisir chez le cheval ?*

*Kevin Staut :* Il y a d'abord la nature même de sa personnalité, dès son plus jeune âge. Je repère les poulains juste après la naissance pour détecter ceux qui ont le plus d'audace, de curiosité, de pugnacité, de recherche d'interaction avec l'homme, de dominance vis-à-vis des autres poulains. On voit déjà les poulains qui vont passer franchement un fossé ou un cours d'eau et ceux qui vont prudemment faire le tour ou restent bloqués, raidis dans leurs peurs. Les plus audacieux ne sont pas forcément ceux qui auront le meilleur geste technique pour le saut par la suite, mais en tout cas, certains font déjà preuve d'un caractère de futur champion. Nous les travaillons ensuite très régulièrement, en main, puis en longe, jusqu'au débourrage lui-même. Je ne crois pas que le fait de laisser un poulain vivre de son côté pendant trois ans puis de le débourrer en un mois augure des meilleures relations possibles. Selon moi, « vivre ensemble », cela signifie aussi vivre ensemble les différentes étapes de la vie. Et accepter, pour mieux les repousser, les limites de chacun. Ainsi, un cheval timide peut devenir très bon, si l'on sait prendre en compte son caractère. Il faut respecter ce que le cheval est, sa personnalité profonde. Ensuite, pourvu qu'il soit motivé, heureux de ce qu'il fait, on peut toujours améliorer la technique. La base de cette progression possible est le rapport de confiance mutuelle. Pour l'obtenir, j'essaie d'être le plus juste possible, jour après jour. Et les pièges ne manquent pas lorsque l'on monte à cheval ! Il nous faut, ensemble, nous transcender pour arriver à un résultat encore meilleur que celui de nos simples compétences additionnées.

*Agnès Galletier : Comment savez-vous si votre cheval « comprend » ce qui se passe lors d'une épreuve ?*

*Kevin Staut :* C'est une conviction profonde, qui évidemment pourrait être raillée par d'autres personnes, de l'extérieur, sous prétexte que mon cheval n'a fait que sauter des barres. Moi je pense qu'il sait, plus intimement, ce qu'il se produit. Il discerne s'il s'agit d'une épreuve importante, si nous sommes juste à l'échauffement, si nous sommes en finale. Par exemple, le premier jour des championnats d'Europe, mon cheval Kraque Boom était particulièrement stressé. Il s'est arrêté sur cinq ou six obstacles, ce qu'il ne fait jamais habituellement. Ce stress et cette série de refus l'ont tellement contrarié qu'il ne mangeait plus, semblait totalement perdu. Il savait que l'épreuve était importante, qu'il n'avait pas fait ce qu'il aurait dû faire et en semblait vraiment malheureux. Je ne dis pas qu'un cheval ressent s'il est à la première ou à la huitième place. Il sait manifestement s'il a fait tomber une barre ou s'il a fait un sans-faute. Il est fier d'être à la remise des prix. Je crois qu'il sent ce que son cavalier vit dans ces différents moments et perçoit sa tension, sa déception, sa joie. Ainsi, lorsque nous faisons tomber une barre au cours d'une épreuve éliminatoire, mon cheval se montre contrarié, déprimé. Mais si nous la faisons tomber dans un championnat et que malgré cela, nous remportons l'épreuve, son comportement est tout de même victorieux. C'est en grande partie notre plaisir, notre contentement qui déteint sur lui. Je ne pense pas qu'à ce niveau de compréhension et de connivence entre le cheval et le cavalier, on puisse rester sur des valeurs primaires énonçant que le cheval cherche uniquement son confort et sa sécurité. Mes chevaux cherchent manifestement ce qui me fait plaisir et trouvent leur compte à travers ma satisfaction. À condition, bien sûr, que je respecte leurs propres besoins et leurs limites.

*Agnès Galletier: Que vous ont apporté les chevaux?*

*Kevin Staut:* Les chevaux m'ont apporté beaucoup, à différentes périodes de ma vie. Ils m'ont aidé à passer des étapes, m'ont guidé dans une réflexion pour savoir qui je suis vraiment, ce que je pense savoir, ce que je veux devenir. Ils me poussent sans cesse à des remises en question pour tenter de devenir meilleur – sportivement mais aussi humainement –, plus juste, à ma place. Ils m'adressent des alertes lorsque je suis sur le mauvais chemin et me donnent des confirmations lorsque je pense avoir emprunté le bon. Avec eux, tout va très vite, très fort. Les retours sont immédiats. Ils deviennent le reflet de notre personnalité, de notre humeur et nous les renvoient à la figure.

Cette justesse et cette finesse au contact du cheval ne m'ont pas isolé du monde des humains, de l'économie, de la culture. Au contraire, dans ma vie d'homme, en dehors de celle de cavalier, je tente d'utiliser les valeurs que l'équitation a forgées en moi : respect, humilité, patience, justesse, persévérance. Les chevaux ne m'éloignent pas de la réalité de la vie. Je pense qu'il faut être très attentif à ne pas devenir obsessionnel dans ce domaine et vivre sa passion à fond tout est restant connecté au monde extérieur. Nous avons tous besoin de relations interespèces et dans ce cadre les chevaux nous aident à trouver un équilibre affectif, psychologique, physique. À nous de l'exploiter au-delà des écuries et terrains de concours pour tenter de donner le meilleur de nous-mêmes en tant qu'hommes.

# Frédéric Pignon

Dresseur de chevaux célèbre et metteur en scène de ses propres spectacles équestres, Frédéric Pignon a ainsi, avec Magali Delgado, mis en scène et interprété le spectacle *Cavalia* dont la tournée pendant cinq ans (2003-2008) a triomphé au Canada, aux États-Unis et dans de nombreux pays d'Europe.

*"Le cheval porte un rêve car, malgré sa puissance*
*physique et son indépendance de caractère,*
*il accepte une forme de collaboration avec nous.*
*Dans l'imaginaire collectif, j'ai l'impression que*
*se rejoue là le grand lien originel entre les espèces,*
*une union, une alliance entre l'homme et la nature.*
*Notre lien est comme une fenêtre ouverte*
*sur le paradis perdu."*

*Agnès Galletier : En quoi un spectacle équestre est-il une œuvre artistique ?*

*Frédéric Pignon :* L'art est pour moi une forme de communication universelle, quelque chose qui permet de toucher les êtres quels que soient leur âge, leur origine, leur parcours. C'est une communication non verbale, comme dans la danse ou la peinture, au service d'un message, que ce soit une souffrance ou une énergie positive, à partager avec un public. L'art doit nous relier les uns aux autres et non nous séparer par toutes les barrières intellectuelles que l'on pose autour de lui. La technique – le dressage du cheval ou les astuces de mise en scène – n'est qu'un support, un vecteur qui doit s'effacer derrière le message, l'émotion à partager. Ce que nous faisons avec nos chevaux parle de cette communication universelle, d'autant plus universelle qu'elle dépasse même, dans notre cas, le clivage des espèces. L'émotion transmise est la nôtre mais aussi celle de nos compagnons animaux, dans une « œuvre » commune, vivante, évolutive, qui existe pour communiquer quelque chose de vital : le partage, le respect, l'écoute. L'amour en somme ! Notre intention est de montrer le cheval tel qu'il nous semble être vraiment, ni esclave ni roi, tout simplement un être à part qui choisit d'accompagner l'homme. Nos chevaux, eux, transmettent leur énergie, leur joie de vivre, le plaisir évident de communiquer avec nous mais aussi avec le public. Lorsque les gens viennent nous voir, ils regardent des « artistes », hommes et animaux ensemble, et je peux vous dire qu'ils perçoivent à 100 % ce que les chevaux expriment.

*Agnès Galletier : Quelle source d'inspiration représente pour vous le cheval ?*

*Frédéric Pignon :* Tout d'abord une esthétique inépuisable. Lorsque je les regarde à l'écurie ou s'amuser dans un pré, mon œil est toujours accroché par la courbe d'une croupe, la puissance d'un poitrail, le mousseux d'une crinière, la ciselure des oreilles, l'expression curieuse d'un œil rond. Ils ont une plastique magique soutenue par une expression si vivante, riche, tellement noble aussi. Je ressens un plaisir pur à les voir, même statiques, même couverts de boue. C'est un ressenti très sensuel, charnel, tactile, que l'on a rarement dans notre vie quotidienne car nous muselons facilement nos sens au profit de la parole et de l'intellect. Avec les chevaux, notre élan affectif, sensuel, peut s'exprimer sans barrière. Cela provoque chez moi de véritables montées d'adrénaline car je vibre de toutes mes tripes, de tout mon cœur, lorsque je les vois exploser d'énergie. J'ai la sensation, en restant pourtant immobile, d'éprouver la puissance de leurs muscles, la profondeur de leur respiration, les battements de cœur dans leur poitrine, le choc des sabots frappant le sol. C'est une jouissance, une source de défoulement et de libération incroyable parce que je vis symboliquement cette explosion d'énergie avec eux, en eux. J'emprunte leur force et leur grâce pour me donner des sensations que je ne pourrais jamais atteindre sur mes deux jambes. Notre corps d'humain a des possibilités tellement moindres ! Ensuite, un calme serein peut s'installer, une sorte d'apaisement que je ne trouve qu'auprès des chevaux. Il s'agit, un peu comme en méditation, d'une centration sur soi-même tout en éliminant les perturbations extérieures, les pensées inutiles, les tensions accumulées. Avec eux, j'arrive à être là totalement, pleinement, dans un profond bien-être, avec une tonicité qui n'enlève rien à la sensation de détente. Ce n'est pas grâce à moi, c'est grâce à eux, parce qu'ils me poussent à cela, ils le demandent et m'aident à y parvenir. Cette tension, par procuration dans l'action du cheval, et l'apaisement à son contact, sont les deux ressorts sur lesquels je joue pour monter nos spectacles. Plus techniquement, j'ajuste les scènes en fonction des capacités de chaque cheval, de ce qu'il peut donner de plus intense, de plus beau, que ce soit par sa plastique, ses mouvements, son expression, sa personnalité. Et puis, avec tous les trésors que m'apporte chacun d'entre eux, je tente de raconter une histoire. Ce n'est jamais pareil, jamais répétitif ou lassant car le cheval nous pousse sans cesse à nous remettre en question. Il nous amène dans nos retranchements, nous accule à chercher le meilleur de nous-même afin d'obtenir une communication plus juste, une écoute plus fine, un ressenti plus serein, plus confiant. Communiquer avec le cheval apprend à faire l'effort de comprendre l'autre, développe la réceptivité du langage verbal comme non verbal et – plus important encore – renforce notre intuition, notre petite voix intérieure que l'on n'écoute pas assez en temps normal. Le temps avec eux est très intense et réserve toujours des surprises, sur soi ou sur eux. Je dis souvent que mon écurie est l'équivalent d'un laboratoire pour un chercheur : j'y entre en étant toujours à l'affût d'une nouvelle expérience, d'une découverte qui va bouleverser ou confirmer toutes mes convictions. Au contact des chevaux, je nourris mon cheminement d'homme, tous les jours. Et c'est cela que j'espère faire passer dans nos spectacles, pour aider les autres à cheminer eux aussi, grâce aux chevaux.

*Agnès Galletier : Pourquoi le public est-il tant touché par les spectacles avec des chevaux ?*

*Frédéric Pignon :* Il y a de multiples raisons à cela, mais la première est selon moi que le cheval ranime un rêve d'enfant. Chacun d'entre nous a eu un cheval à bascule, une peluche, a chevauché les destriers d'un manège, a été marqué par Prince Noir, Crin Blanc ou un autre de ces chevaux mythiques du cinéma ou de la littérature. Le cheval représente à la fois un héros mythique, le réconfort d'un bercement sur des bascules de bois ou la douceur d'une peluche que l'on a serrée contre soi. D'ailleurs, nous avions commencé le spectacle *Cavalia* par une scène vide avec seulement, éparpillés, des chevaux jouets, sous toutes leurs formes, pour ramener consciemment, volontairement, le spectateur à sa part d'enfance. C'est au cours de ces années-là, souvent avec le cheval, que la personne s'est émerveillée mais aussi a rêvé, élaboré des projections, des illusions sur son futur statut d'adulte. Bref elle a fait des projets de vie. Des années plus tard, réellement devenue adulte, elle regarde, attendrie ou nostalgique, ses rêves d'enfant à travers des spectacles comme les nôtres.

L'autre retour vers le passé que suscite le cheval est très objectif, bien réel : il y a seulement un demi-siècle, les chevaux étaient encore très présents, du moins dans les campagnes. Ainsi, la plupart des personnes de plus de cinquante ans ont toutes des souvenirs liés au bruit des sabots sur le sol, à la présence du crottin sur le bord des routes, à l'odeur d'écurie, à l'image de ces bêtes de somme marchant d'un pas lent devant la charrue ou tractant joyeusement une carriole. Le cheval fait partie de notre « humanité » au sens où il fait partie intégrante de notre histoire, de nos racines, de notre civilisation. Au cours des millénaires, il a façonné l'homme d'aujourd'hui. Mais son impact le plus fort, totalement universel, car il agit quel que soit le public, touche notre aspiration à la liberté, à une certaine sauvagerie. Plus encore que l'esthétique ou la noblesse dégagée par l'animal. Le cheval peut être esthétique, mais s'il est figé, trop soumis à l'homme, la technique étouffe souvent la magie. C'est bien sa liberté, son insoumission parfois, sa collaboration bienveillante et affectueuse le plus souvent qui enchantent réellement le public. Seul le cheval parvient à produire cet effet. Vous pourrez mettre en scène un chien, il sera toujours l'« ami soumis » de l'homme. Il pourra de ce fait amuser, faire sourire, en se prêtant à tous les caprices de son dresseur, mais plus rarement émouvoir profondément un public. Si vous mettez une girafe sur scène, ce sera très beau pendant quelques minutes, parce que cet animal est particulièrement gracieux, mais vous ne pourrez pas développer un échange avec l'homme. Le cheval, lui, porte un rêve car malgré sa puissance physique et son indépendance de caractère, il accepte une forme de collaboration avec nous. Dans l'imaginaire collectif, j'ai l'impression que se rejoue là le grand lien originel entre les espèces, une union, une alliance entre l'homme et la nature. Ce lien est comme une fenêtre ouverte sur le paradis perdu. L'acceptation, l'envie qu'a le cheval d'échanger avec nous, touche notre public plus que tout autre chose, aussi esthétique soit-elle. Peut-être est-ce parce que nous avons toujours l'impression que cet animal condescend à communiquer avec nous. Si le cheval a souvent été traité en esclave, il ne faut pas oublier qu'il fut aussi considéré comme un dieu par de nombreuses civilisations. Je pense que ce mythe du « cheval divinité » est encore sous-jacent. Il tient au mystère propre à cette espèce. Mystère parce que tout dans son comportement est à l'opposé de l'homme, à commencer par sa psychologie de proie, ses sens hyperdéveloppés, son organisation sociale… Et surtout son silence, quasi autistique, impressionnant. Même en cas de forte douleur, ce géant reste muet. Cela induit, pour dialoguer avec lui, une communication intuitive, extrêmement fine, qui oblige l'homme à une réelle intériorisation et le remet sans cesse en question. De voir cet animal mystérieux, ce symbole de puissance, de liberté, de sauvagerie mais aussi de sensibilité, de beauté, accepter de se comporter en partenaire de l'homme, sans y être forcé, par pur plaisir, déstabilise les plus blasés. Tous sont touchés au plus profond d'eux-mêmes, professionnels ou amateurs, gens des villes ou des campagnes, quels que soient les générations et le milieu culturel. La magie du cheval et de son lien à l'homme est universelle.

*Agnès Galletier : Selon vous, le cheval participe-t-il réellement au spectacle, avec sa propre personnalité, son envie, ses dons ?*

*Frédéric Pignon :* Absolument. Le cheval vient parler au public, il s'exprime devant lui et réagit en fonction de la réceptivité de la foule en face de lui. Car consciemment ou inconsciemment, le public « entend » ce que le cheval lui raconte, il est incroyablement à l'affût des différents modes d'expression de l'animal. J'ai mis du temps à le comprendre car au départ, j'étais très angoissé par le fait que tout se déroule comme prévu, pour que tout le monde, hommes et chevaux, puisse « faire son travail ». Pour moi, il s'agissait d'inventer des scènes qui puissent toucher les personnes par leur symbolique et leur esthétique. Déjà, cet objectif me semblait difficile à atteindre, à maintenir sur des mois ou des années, et je le trouvais largement suffisant, satisfaisant. Nos chevaux m'ont fait comprendre qu'ils avaient eux aussi leur « mot à dire ». Se contenter de répondre à nos demandes n'était pas une motivation suffisante pour exercer leur métier avec enthousiasme. Si nous ne les avions pas écoutés, aucun n'aurait pu participer à un spectacle sur tant d'années, tant de lieux différents et à un tel rythme. Progressivement, au fil des répétitions et des représentations, chacun propose sa participation, son interprétation, en fonction de sa personnalité, dans les scènes auxquelles il participe. Par exemple, dans *Cavalia*, lorsque je demandais à un groupe de chevaux de se coucher tous ensemble, Aétes refusait de le faire et s'asseyait ostensiblement face à moi, restant ainsi avec un air un peu frondeur qui faisait beaucoup rire le public. Il le faisait parce qu'il avait compris que le public s'en amusait. En répétition, sans public, il se couchait sagement, comme les autres. Un autre, Lancelot, pourtant très timide, était simplement lâché en liberté sur la piste. Il se mettait automatiquement devant le public, en pleine lumière. Il regardait longuement la foule puis se roulait voluptueusement. Lorsque le public applaudissait, Lancelot se relevait d'un bond, partant en ruades et sauts de mouton, puis revenait tranquillement lui faire face et recommençait. Ce même cheval a créé un numéro où il me suivait, puis tout à coup m'échappait, comme s'il fuyait très loin, puis il revenait de lui-même, poser son nez sur mon épaule. Il faisait toujours la même chose, au même moment, aux mêmes endroits, selon le scénario de départ. Au travail à la maison, il n'avait jamais simulé la fuite. Daho, lui, avait compris que lorsque Magali était couchée sur son dos, le public était aux anges s'il relevait juste la tête pour lui faire un bisou. Il relevait systématiquement la tête et faisait durer le plaisir tant qu'il y avait des applaudissements. Un autre s'amusait à tirer la langue face aux gradins, de lui-même. Les exemples comme ceux-ci sont légion. C'est ainsi que nos spectacles se modifient, par les « créations » des chevaux et aussi, chaque soir, par leurs improvisations que j'ai appris à gérer, à laisser venir car à chaque fois le public est ravi. Ce dernier voit qu'il se passe quelque chose à l'initiative du cheval et reste ébahi par l'audace, l'imagination, la gaîté de nos chevaux. Les spectateurs trouvent vraiment leur compte lorsque le cheval s'exprime pleinement, prend sa part d'initiative, d'indépendance et au final, toujours, revient vers nous avec tendresse et complicité. À chaque fois se rejoue la rencontre homme/cheval, cette alliance acceptée, consentie par l'animal. Je crois que les personnes sentent cet apprivoisement à leur portée, atteignable par leurs propres moyens. Cette communication non verbale, avec cet animal magique, à l'opposé de leur univers quotidien, les fait bien plus rêver que n'importe quelle prouesse technique. C'est un peu paradoxal à notre époque du « tout communiquant » que l'on soit aussi touché par la finesse d'un échange intuitif entre un homme et un cheval, mais je pense que la fascination que cela exerce montre à quel point le besoin, la demande est forte.

*Agnès Galletier: Vous pensez donc que les chevaux peuvent avoir un réel plaisir à se trouver face au public, que cet échange leur est aussi profitable ?*

*Frédéric Pignon :* Au début, je pensais que non. Je culpabilisais de les emmener en tournée, dans des box démontables, où l'on ne pouvait les sortir que sur des parkings transformés en paddock. J'y voyais pour eux une véritable galère, tellement loin de leur vie au naturel. Et puis, avec le temps, je me suis aperçu que les chevaux participent véritablement au spectacle et qu'au contraire, lorsqu'ils sont en repos pour une raison ou une autre, ils se mettent à déprimer ou... réclament de sortir au moment de leur numéro. Ils tournent, virent, s'énervent lorsque leur « heure » approche et qu'ils restent au box.

J'ai demandé à un responsable d'écurie de faire le test et d'ouvrir la porte du box au moment où je réalisais le numéro avec un cheval de remplacement. Celui au repos, Necerado, est sorti en trombe, a traversé toutes les écuries et le paddock d'échauffement au galop. Les personnes qui ouvrent et ferment le rideau ont bien cru qu'elles ne parviendraient pas à l'empêcher d'entrer en scène ! Le deuxième déclic m'est venu lorsque j'ai voulu garder notre cheval Templado, âgé, à la maison, dans une belle pâture, avec ses semblables et tous les soins imaginables. Nous l'avons laissé en France, pendant que nous partions travailler au Canada, pour qu'il puisse avoir la meilleure vie de cheval possible… selon nous. Mais Templado a rapidement déprimé et il a fallu le faire revenir avec nous, dans son box démontable, au milieu de l'agitation du spectacle, pour qu'il retrouve un peu de force. J'ai le sentiment très fort que nos chevaux partagent notre aventure, y compris dans les mésaventures que cela entraîne parfois. Par exemple, je me souviens d'un moment très fort lorsque Templado s'est trouvé coincé, après une chute au décollage, dans le caisson qui lui servait de box de transport, dans l'avion entre Montréal et Huston. Le vétérinaire me tenait par les pieds et je plongeais tout mon corps dans le caisson, impossible à ouvrir durant le vol, pour aider le cheval à se relever. Nous nous débattions tous les deux, ensemble, pour lui permettre de s'en sortir, de ne pas arriver fracturé et écorché. Ce fut l'un des moments les plus forts de notre relation. Comme dans un couple, le fait de traverser des épreuves, ensemble, crée un lien plus fort. Eh bien, en cherchant ensemble à faire le meilleur spectacle possible, en affrontant tous les aléas d'une vie de tournée, en surmontant nos peurs, nos stress, nos lassitudes, nous nous rapprochons les uns des autres, hommes et chevaux. Je parle de peur et de stress car pour eux aussi le spectacle est source de trac. Pour les chevaux, la masse du public est très impressionnante, surtout lorsque celle-ci se met à applaudir ! Avant d'entrer sur scène, ils sont très excités, sur les nerfs et il suffit qu'ils franchissent le rideau, que l'on soit en pleine lumière, pour que la détente arrive car ils peuvent se concentrer sur leur travail, leur rôle. Certains chevaux, comme Guiso, bâillent à ce moment-là, en signe de relâchement, alors que l'on pourrait imaginer que la foule le stresse davantage que les coulisses. Cela correspond à ce que disent la plupart des acteurs : le trac est épouvantable avant d'entrer en scène puis, une fois lancé, tout se passe le plus naturellement du monde. Je crois qu'ils perçoivent, à leur façon, l'attente du public, son énergie positive. Parfois, le chapiteau est un peu comme une cathédrale où la foule prie, communie, dans un recueillement, tourné vers l'autel que représente la scène. Pour autant, je ne me leurre pas : nos chevaux gardent cet appétit pour leur travail uniquement parce qu'ils ne travaillent que trois fois par semaine, qu'ils sortent en paddock tous les jours et que toutes les cinq à six semaines, ils passent quelques jours dans une véritable pâture. C'est une organisation infernale et très coûteuse pour un show qui se produit chaque jour, mais nous savons que sans cela les chevaux finiraient par se lasser, s'éteindre. Sans leur gaîté, leur pleine envie de participer, le spectacle n'a plus du tout la même saveur, la même vitalité pour eux, pour nous et, au final, pour le public.

*Agnès Galletier : Le cheval a-t-il un impact différent selon les publics ?*

*Frédéric Pignon :* Oui et non. Certes, la magie du cheval peut être encore plus intense lorsque l'on produit un spectacle équestre en plein cœur de Los Angeles, ville tentaculaire à l'opposé de l'enracinement terrien, du rythme, de l'univers même du cheval. Mais en fait, ce sont les gens de chevaux, les ruraux qui souvent sont les plus déstabilisés par notre approche. Ce sont eux qui nous disent « je n'aurais jamais imaginé que l'on puisse faire cela avec un cheval ». Finalement, c'est souvent dans le monde équestre que sont véhiculés les pires a priori, y compris sur la bêtise supposée du cheval ! De ce fait, en voyant nos chevaux réellement jouer un rôle et affirmer leur personnalité sur scène, les gens du milieu équestre pensent qu'il s'agit uniquement de dressage, de contrainte. Ils sont décontenancés lorsqu'on leur répond que non, telle ou telle chose n'est pas apprise, mais le cheval l'a soit proposée comme numéro, soit, ce jour-là, il l'a totalement improvisée, en fonction de son humeur et du public. Les néophytes, eux, sont finalement beaucoup plus réceptifs à cette idée car ils arrivent chez nous sans a priori.

L'autre différence que nous remarquons dans le public est culturelle : les Américains expriment beaucoup plus leur joie alors que les Européens ont presque honte d'être touchés, d'être émus. Ils applaudissent moins, interagissent moins avec nous. Surtout les hommes, qui semblent ne pas s'accorder le droit à l'émotion, alors que nous sentons bien qu'ils sont aussi touchés que les femmes. Il est devenu évident au fil du temps que le moment le plus bouleversant pour le public, quel qu'il soit, est celui où le cheval est lâché en liberté, là où il « échappe » à l'homme. Il y a tout à coup un déchaînement d'énergie, une joie qui transcende le public. Cela provoque un effet libérateur, énergisant incroyable et d'autant plus fort que nos chevaux, impétueux mais tous très tendres, reviennent immanquablement vers nous après quelques secondes ou minutes de défoulement. Et là, lorsque le cheval retourne de lui-même vers l'homme, pour mettre la tête sur son épaule et souffler doucement dans son cou en signe d'apaisement et d'amitié, le public fond complètement, se laisse envahir par la beauté et la tendresse du geste. Cette libération, ce déchaînement (au sens propre et figuré), pour mieux revenir, dans un consentement total, dans un attachement sans attache, est, je pense, après l'avoir ressenti lors de centaines de spectacles, le symbole, le geste le plus fort, le plus parlant pour notre espèce. Peut-on y voir une attente de libération, un retour à l'état sauvage, une explosion des contraintes, pour mieux revenir vers soi-même, sans obligation… dans l'amour ? Je ne sais pas. Je constate.

Enfin, j'ai remarqué au fil du temps que notre type de spectacle équestre a une influence très positive sur les personnes en perte de vitalité physique ou d'envie de vivre, comme si la force et la joie des chevaux leur redonnaient un élan, une énergie nouvelle pour reprendre leur route avec un peu plus de courage, d'enthousiasme. Le contact avec le cheval, même simplement son image, la captation à distance de son expression, de sa vitalité, comme le vivent nos spectateurs du haut des gradins, semblent à eux seuls curatifs. Nous avons des témoignages bouleversants dans ce sens, tel un homme dépressif venu nous dire que notre spectacle représentait l'émotion la plus positive qu'il ait vécue au cours de ces dernières années. Une dame aussi, très âgée et mourante, avait émis à ses enfants le souhait de revoir notre show avant de mourir et effectivement, du fond de son fauteuil roulant, elle avait des yeux d'enfant, pétillants de joie, en sortant du spectacle. Nous avons des centaines de témoignages qui rapportent cet effet galvanisant, dynamisant, positif du cheval. Je pense qu'il y a de multiples explications à cela, mais je mettrais en avant le fait que les personnes peuvent voir un animal exprimer sa joie, sa tendresse – ou sa mauvaise humeur ce jour-là ! –, sa confiance ou sa défiance, avec une totale spontanéité. Il dit les choses simplement, sans mots, sans culpabilité, il s'exprime sans faux-semblants et sans honte. Je pense que cela touche le public noyé dans la complexité, empêtré dans la culpabilité, dans les conventions. La force vitale du cheval est immense et sa réactivité immédiate, dans une transparence totale de ses sentiments et intentions. C'est un peu l'inverse de ce que vivent de nombreuses personnes et ce à quoi notre société les renvoie pour ne pas dire les accule. Manifestement, la plongée dans l'univers rafraîchissant des chevaux ressemble à un bain de jouvence pour nombre d'entre elles !

*Agnès Galletier : Que vous ont personnellement apporté les chevaux ?*

*Frédéric Pignon :* Ils m'ont rendu sociable. J'ai un tempérament très angoissé, très impatient, sauvage. Lorsque j'étais plus jeune, je m'imaginais vivre en ermite, dans la montagne, avec mes animaux. Le cheval m'a appris à échanger avec les autres, à trouver ma place. Il m'a amené à me tempérer, à me poser, à appréhender les problèmes autrement, sans envie de fuite, sans un débordement d'affect qui rend les choses ingérables. À leur contact, dans le travail, j'ai pu me remettre en question dans mes fonctionnements, voir ce qui marchait ou pas dans l'échange à l'autre. Cette remise en question a toujours été accompagnée d'un apaisement, d'encouragements. Ils sont des miroirs de nous-même mais sans nous condamner, sans dénoncer nos défauts, sans garder rancune de nos maladresses. Dans ce cheminement vers une vie plus riche, plus équilibrée, certains ont été plus importants que d'autres, comme Templado. Ceux-là, je les appelle mes petits anges. Nos rencontres ne sont pas le fruit du hasard, j'en suis sûr. Le télescopage de nos vies, de nos personnalités, de nos histoires m'a secoué intérieurement. Les chevaux sont un peu les tuteurs de ma vie, grâce auxquels j'ai pu grandir et m'épanouir en moi-même d'abord, mais aussi vers l'extérieur. Ils m'ont ouvert au monde, mon monde intérieur, celui des autres humains, celui de la nature, de la création et au-delà, vers le Tout, l'infini qui nous dépasse en tant qu'humains mais avec lequel les chevaux semblent tellement reliés. Je leur voue une reconnaissance indéfectible et tente, pour cette raison, à mon niveau, à ma façon, d'être l'un de leurs porte-parole.

Martine Laffon

Docteur en philosophie, Martine Laffon aime les chevaux et les enfants. Cavalière, sans l'être vraiment, elle est l'auteur de plusieurs livres pour la jeunesse, d'albums et de romans sur le cheval. Elle est aussi et surtout l'auteur d'un essai à succès, *La Petite Philosophie du cheval*, paru aux éditions Milan en 2009.

*“Devenir cavalier nous donne une position éthique*
*à partir de cette posture si singulière.*
*Sur le dos d'un cheval,*
*on a une vision cavalière du monde.”*

*Agnès Galletier : Qu'est-ce qui a amené la philosophe que vous êtes à travailler sur le thème du cheval ?*

*Martine Laffon :* Au départ, ce sont les réflexions de Gilles Deleuze qui m'ont amenée à m'intéresser à l'équitation et au cheval comme sujets philosophiques. Non que Deleuze se soit intéressé au cheval, comme quasiment aucun philosophe d'ailleurs, mais il parle de ce qui se passe entre l'animal et soi-même. Ce qui m'a guidé est surtout son parti pris du « pick up », du choix tous azimuts dans les sujets qui nous plaisent, pour en faire les supports d'une réflexion philosophique. Mon amour pour le cheval et ma conviction que cet animal fait de l'homme un philosophe ont fait le reste. Au départ de mes recherches, je n'ai rien trouvé sur le lien entre chevaux et philosophie, du moins chez les philosophes classiques. Mais on peut estimer que Garcin ou Bartabas parlant de leur rapport au cheval, font de la philosophie... Je me suis demandé comment interpréter ce lien, son ressenti. Pour ma part, j'ai toujours eu une relation affective avec les chevaux. J'aime les regarder, être avec eux, parmi eux, plus encore que les monter, au sens sportif du terme. Ils nourrissent mon imaginaire et mes réflexions sur la vie. La philosophie étant pour moi un moyen de répondre aux questions sur le sens de la vie, je pense que le cheval nous rend philosophe.

*Agnès Galletier : En quoi nous rend-il philosophe ?*

*Martine Laffon :* Il nous pousse dans une réflexion sur la vie, les autres, les différents modes de pensée et d'action. Devenir cavalier nous donne une position éthique à partir de cette posture si singulière. Sur le dos d'un cheval, on a une vision cavalière du monde. Notre regard change. Du fait d'être plus haut, la perception horizontale de l'environnement est modifiée : le regard va plus loin et les distances sont réduites puisque le cavalier peut les couvrir plus rapidement. Le cheval élargit notre monde, nos champs de possibilités. Sur le plan vertical, cela change aussi car nous regardons le monde de haut. Nous baissons le regard vers l'univers du « va-nu-pieds », c'est-à-dire le monde de ceux qui marchent. Monter à cheval nous fait prendre de la hauteur, mais à nous d'« être » à la hauteur de cette posture. Cela implique d'élever notre conscience, tel Montaigne qui construit peut-être son humanisme en voyageant au gré de ses chevauchées. Il pourra ainsi comprendre que la barbarie dépend de nos préjugés. Monter à cheval nous incite à être moins « terre à terre ». De plus, la rectitude de la position du corps suppose aussi une certaine rectitude morale. Le cavalier est un homme droit. Monter à cheval nous pousse enfin à sortir des certitudes de notre rationalisme pour plonger dans un monde mystique, mythologique, celui du centaure, où nos perceptions et nos interprétations changent. Lorsque

Bartabas invite des spectateurs à assister à son travail à cheval au lever du jour, il met en scène une salutation au soleil et procède à un rituel magique, avec ses codes. Le cavalier y est sacralisé par sa position sur l'animal, au centre d'un cercle. Il passe dans un autre monde, un peu à la façon d'un chaman, en devenant cheval. On ne peut l'approcher puisqu'il est ailleurs, hors de nos repères d'humains.

*Agnès Galletier : « Devenir cheval » est une posture philosophique ?*

*Martine Laffon :* Je pense que la relation homme/cheval n'a d'intérêt que si vous abandonnez vos représentations et que vous vous laissez glisser dans le monde animal, que vous acceptez cette métamorphose de vous-même en cheval. En fait, dans la relation, quelque chose du cheval passe en moi et quelque chose de moi passe dans le cheval. Exactement comme dans la pensée totémique des Indiens d'Amérique qui considèrent souvent que leur grand ancêtre est un animal et qu'ils possèdent quelque chose de lui, de ses qualités.
Selon Deleuze, les concepts sont en fait des affects. Et pour les cavaliers, l'affect en jeu avec le cheval entre dans notre conceptualisation du monde. C'est ce que propose un peu le concept d'éthologie si à la mode aujourd'hui : entrer dans le monde du cheval pour le comprendre vraiment. Lorsque l'on entre dans ce monde, pour être présent au cheval, on s'absente de soi-même. C'est, je pense, ce qui nous fait tant de bien. Nous abandonnons nos soucis, nos tensions, nos projections. Au milieu des chevaux, j'ai la tête vide, je suis

enfin réellement disponible à mes sens, à mon imaginaire. Cela demande de passer une barrière invisible qui sépare leur monde du nôtre, de se mettre en état de totale réceptivité, pour s'introduire dans un état éphémère, fugace, à la frontière entre humain et équin. Vous quittez ensuite cette parenthèse pour repartir vers votre vie en réintégrant vos repères, en reprenant votre rythme, mais toujours avec davantage de calme et de recul. Parfois, avec un regard différent. C'est cela la posture philosophique : méditer pour comprendre le monde. Les chevaux nous y aident doublement : ils nous permettent d'accéder à la vacuité mentale de la méditation et nous proposent de comprendre d'autres fonctionnements, inhérents à leur monde.

*Agnès Galletier : Pourtant, nos philosophes ne nous ont pas tellement poussés à considérer les animaux et notre relation à eux ?*

*Martine Laffon :* Surtout depuis que Descartes a supposé l'idée d'un fonctionnement animal mécanisé, lui ôtant tout affect, toute intelligence. La philosophie moderne nous a imposé une vision rationaliste du monde qui oublie totalement qui nous sommes fondamentalement. Elle a voulu nous couper de nos origines, d'une pensée symbolique, pour tenter de tout expliquer. Justement, la philosophie aujourd'hui doit remettre cela en cause, en nous interrogeant sur notre rapport aux animaux. Quels sont les fondements, dans nos cultures occidentales, d'un tel mépris à l'égard du monde animal alors que nos racines biologiques, historiques, y sont imbriquées ? Nous devons concevoir la façon de retisser ce lien originel, chercher comment retrouver l'intimité qui a fondé la relation entre tous les êtres vivants. Et se demander pourquoi il y a eu une telle déperdition, si dommageable à l'homme. Dommageable parce que je suis convaincue que celui-ci ne peut se passer totalement de la pensée symbolique. Le cheval nous interroge précisément sur cette relation aux liens mythologiques qui, selon moi, sont la base même de la philosophie. Lorsque l'on me demande par quel ouvrage aborder la philosophie, je recommande toujours la lecture d'Homère. L'*Iliade* et l'*Odyssée* ancrent la philosophie puisqu'il s'agit à travers ces récits d'aventures fantastiques de chercher un sens à la vie, pour soi et pour les autres, d'interroger le monde et soi-même pour un mieux-vivre ensemble. Dans ces ouvrages, la pensée mythique est omniprésente. La philosophie sert à s'interroger sur des questions existentielles qui n'ont rien de rationnel. Devenir cheval par le lien invisible entre nos espèces, entre nos mondes, permet de se réapproprier la pensée mythique, de déstructurer, fissurer la pensée rationaliste qui ne peut entièrement nous suffire pour comprendre le monde. C'est ainsi que je peux projeter mon questionnement, répondre à mes angoisses existentielles et savoir ce qui est bon pour moi.

*Agnès Galletier : Pourquoi le cheval nous relie-t-il à cette pensée mythique plus que tout autre ?*

*Martine Laffon :* Parce que vous ne pouvez jamais le saisir, le comprendre, le maîtriser totalement. Ne serait-ce que par sa taille et sa force ! Il est imprévisible, surtout pour nous prédateurs, car il demeure avant tout une proie, un animal de fuite. Je pense que l'alliance de la force, de l'esthétique, de la liberté, de l'inattendu, représente des composants formidables pour notre imaginaire d'humain. Ajoutez à cela qu'il est un animal symbolique de l'ascension, de par sa vitesse, sa légèreté, ses allures aériennes, le fait que nous puissions monter sur son dos et vous comprendrez qu'il est forcément un médiateur fantastique dans notre quête spirituelle.

*Agnès Galletier : En quoi le cheval nous fait-il du bien ?*

*Martine Laffon :* Parce qu'il nous propose l'harmonie. Cette harmonie n'est possible que si nous nous maîtrisons, afin de communiquer avec lui. Il nous demande de nous éloigner de la barbarie pour cheminer vers un humanisme propice à sa collaboration. Il pousse constamment l'homme à se souvenir de sa perfectibilité, à se remettre en question pour chercher toujours la meilleure voie du « faire ensemble ». Observez, dans le sport, les qualités de communication et l'harmonie nécessaires au couple homme/cheval : le cavalier doit permettre à sa monture de sublimer ses allures et ses capacités naturelles, lui donner du brio, de la fluidité, de la maîtrise. Seule une communication subtile, une écoute réciproque et une collaboration consentie peuvent mener à l'excellence. La domination ne peut suffire. Dans cet effort de part et d'autre vers la sublimation, il y a quelque chose d'une quête spirituelle, d'une transcendance que je ne vois pas avec un autre animal.

*Agnès Galletier : Le cheval nous pousse-t-il à nous transcender ?*

*Martine Laffon :* Oui, je pense que chercher à faire un avec l'Autre si différent, le cheval, nous aide à ne faire qu'un avec nous-même. Cette quête, avec le mythe du centaure, nous mène sur la voie de l'unité originelle des espèces, de la vie. Une unité qui appartient désormais à un monde fantasmé, mais qui demeure de tout temps et dans toutes les cultures. Dans le monde d'aujourd'hui, nous ne vivons plus que dualité, multiplicité, dichotomie, alors qu'en réalité, notre aspiration profonde tend vers l'unité. Dans la société occidentale, nous recherchons cette harmonie de l'unité à travers l'art, la philosophie, la pensée. Le cavalier cherche lui aussi dans « l'art équestre » cette unité mythique, jamais totalement atteignable et si fugace. C'est pourquoi nous n'en avons jamais fini avec un cheval, ni avec l'équitation. Je remarque qu'à une époque où le cheval devrait objectivement avoir disparu de nos vies, faute d'utilité rationnelle, nous sommes venus le rechercher sous d'autres prétextes. Nous pouvons parler de sport, de loisir, mais il s'agit toujours de la même chose : retrouver notre équilibre, notre complétude et tendre à notre propre perfection.

*Agnès Galletier : Que vous a personnellement apporté le cheval ?*

*Martine Laffon :* Du bonheur, tout simplement, avec n'importe quel cheval d'ailleurs ! Mais je devrais dire plutôt que le cheval m'a détournée du malheur ; ma sœur est morte quand j'avais dix ans et mes parents alors m'ont inscrit chez Henri Leroyer à Versailles qui était un instructeur formidable pour les enfants. Il connaissait sans doute mon histoire personnelle. J'avais une passion pour un poney, Korrigan, et il m'a toujours donné ce petit poney bai à monter, me laissant construire une relation affective avec lui alors que souvent les enfants changent de monture pour apprendre à avoir d'autres sensations. C'est depuis cette enfance blessée, je dirais même brisée, que le cheval est devenu pour moi passeur de quelque chose qui va contre la mort. Je crois que le cheval m'a aussi reconnectée à mes racines fantasmées, ma mythologie personnelle. J'ai toujours imaginé, depuis l'enfance, que j'étais d'origine mongole, un peuple de cavaliers, parce que toute la famille de mon père était bretonne et qu'on suppose que les Mongols sont venus jusqu'en Bretagne. Je suis née avec la fameuse tache bleue au bas du dos et on racontait que c'était la tache bleue des enfants mongols. J'aime cette légende et je l'ai faite mienne car le cheval c'est aussi la force créatrice de l'imaginaire.

# Hervé Baldassari

Hervé Baldassari est cavalier de C.S.O., kinésithérapeute, ostéopathe et préparateur physique pour chevaux et humains. Il travaille à son cabinet dans les Yvelines et dans de nombreuses écuries en France et à l'étranger (Belgique, Italie, Allemagne, Espagne, Portugal, États-Unis), auprès de cavaliers et de chevaux de haut niveau, dans toutes les disciplines de sports équestres et de courses. Il est le créateur et responsable des Equicare Centers pour la prise en charge des chevaux en rééducation fonctionnelle, réhabilitation, récupération et préparation physique.

*“L'équitation fait travailler en profondeur la tonicité musculaire, l'équilibre, la coordination des mouvements, en sollicitant les muscles posturaux, c'est-à-dire ceux qui travaillent en permanence pour nous permettre de nous « tenir bien ». Elle nous propose une véritable rééducation posturale et la possibilité de prévenir des pathologies.”*

*Agnès Galletier: La pratique de l'équitation est-elle positive en tant que sport?*

*Hervé Baldassari:* Oui, même excellente. C'est une gymnastique d'entretien comme de rééducation pour obtenir une bonne posture, que l'on soit cavalier confirmé ou néophyte, adulte ou enfant. L'équitation fait travailler presque tout ce qu'un kiné doit mobiliser pour obtenir une bonne posture corporelle. Ainsi, le tout premier travail du kiné est d'obtenir de son patient une prise de conscience corporelle et une respiration adaptée. Dans la pratique de l'équitation, cette prise de conscience corporelle est particulièrement présente parce que le cheval réagit instantanément à notre position et aussi parce que toute mauvaise position ou coordination a un effet sur notre efficacité de cavalier et notre confort. Une position trop incorrecte peut provoquer des douleurs ou même une chute. L'effet miroir du cheval sur notre posture, couplé à notre sécurité et/ou confort, permet un effet démultiplicateur de tout ce que l'on peut expliquer dans un cabinet de kinésithérapie pour tenter une prise de conscience corporelle du patient.

L'étirement axial nécessaire à la bonne position à cheval rétablit naturellement la bonne posture et la respiration correspondante. Mais ce n'est pas tout : l'équitation fait travailler en profondeur la tonicité musculaire, l'équilibre, la coordination des mouvements, en sollicitant les muscles posturaux, c'est-à-dire ceux qui travaillent en permanence pour nous permettre de nous « tenir bien ». Elle nous propose une véritable rééducation posturale et la possibilité de prévenir bien des pathologies.

L'équitation est un art, mais c'est aussi un sport.

Elle fait travailler l'ensemble du corps. Elle demande de l'endurance, de la résistance, de la force, de la vitesse, de la souplesse, de l'agilité et du relâchement. Pour cela, la respiration est primordiale.

Comme en rééducation, le cavalier doit passer par une prise de conscience corporelle, qui lui permet de connaître les points positifs et négatifs de sa position. Le rôle du pédagogue est de donner à son élève les moyens de passer de la « mauvaise » position à la « bonne » position.

Cet apprentissage est indispensable pour pratiquer une bonne équitation et pour prévenir les risques inhérents à toutes les activités physiques.

*Agnès Galletier : N'avons-nous pas besoin d'une préparation ou d'une musculature de base pour éviter de se blesser ?*

*Hervé Baldassari :* Pas forcément. Regardez les enfants, parfois très jeunes, qui montent d'instinct, souvent très bien, sans avoir de réelle musculature. J'observe que ces enfants adoptent automatiquement la bonne position du dos – en érection axiale – et du bassin. C'est en commençant à monter sur le tard que l'équitation devient moins « naturelle ». Parce que l'appréhension comme les mauvaises habitudes posturales, prises en particulier sur les bancs de l'école ou devant l'ordinateur, avec un dos avachi et de travers, font qu'il devient difficile de se tenir correctement à cheval. Contrairement à ce que l'on entend souvent, l'équitation permet davantage de rectifier cette posture, de rééduquer, de muscler dans le bon sens, que le contraire. Bien sûr, comme dans tout sport, on doit avoir une pratique progressive et adaptée. Il faut respecter des règles pour ne pas se blesser. Une bonne instruction éduque le cavalier à la bonne position, progressivement, car il est parfois difficile de prendre conscience de ses défauts posturaux, de rechercher la position juste et enfin de mémoriser celle-ci. Pour la plupart des gens, c'est un important travail musculaire et cognitif que de donner au corps la position, le relâchement et l'équilibre nécessaires à la position idéale. Chacun vient à l'équitation avec ses raideurs et ses déséquilibres. Ainsi, il est rare que l'on soit réellement en équilibre sur ses deux fesses. Le cavalier va souvent peser plus sur un étrier que sur l'autre, tenir une rêne plus courte que l'autre. Si on laisse cet état de fait, le cavalier retrouve à cheval les mêmes problèmes qu'il subit à pied. Et l'animal tentera de s'y adapter, aux dépens de sa performance et de son confort, jusqu'à parfois entraîner, à terme, des pathologies chez le cheval lui-même.

La fameuse « mise en selle » est l'un des moyens pour parvenir à l'attitude corrigée du cavalier et au confort maximum pour le cheval. Elle fait travailler les musculatures posturales et adaptatives vers un réel équilibre, elle régule la respiration et entraîne le relâchement dont découle l'indépendance des aides. La pratique idéale de l'équitation devrait associer le travail monté à un travail à pied, de coordination des mouvements et d'étirement, sans oublier de développer les qualités cardio-vasculaires. C'est exactement l'inverse des séances de « tape-cul » que l'on voit encore parfois dans le soi-disant but de donner une bonne assiette aux cavaliers.

Un enseignement correct de la bonne position exige aussi un matériel de qualité, en particulier la selle, jonction entre le cheval et le cavalier, qui permet à celui-ci de s'asseoir convenablement. Sans cela, une bonne posture corporelle est impossible à obtenir.

Lorsque l'enseignement est qualitatif, l'équitation ne peut être que vertueuse. Finalement, les personnes se faisant physiquement le plus de mal dans le monde du cheval, sont celles qui ne montent pas. Je pense en particulier aux personnes qui entretiennent les écuries et portent souvent de lourdes charges, ou encore aux maréchaux-ferrants, toujours penchés en avant.

*Agnès Galletier : Qu'est-ce qui compte le plus pour se faire du bien en montant à cheval ?*

*Hervé Baldassari :* Vous l'avez compris : avoir une bonne position. Je pense que de la bonne position découle la belle équitation. Ce n'est pas un hasard si les anciens écuyers insistaient tellement sur la notion de position à cheval. Aujourd'hui, les enseignants sont guidés, de part leur formation et les objectifs des responsables de centres équestres, vers une équitation ludique, où finalement, le tout est de tenir en selle et de s'amuser. Mais les puristes, comme Nelson Pessoa, font toujours travailler leurs élèves avec un bâton dans le dos, quand cela est nécessaire ! L'idée n'est pas de souffrir ou de se « tanner le cuir », mais bien de trouver la position dans laquelle vous montez bien, c'est-à-dire que vous vous faites du bien physiquement et vous permettez à votre monture de donner le meilleur d'elle-même. Cette position est appelée « position anatomique » parce qu'elle permet au corps de retrouver les courbures naturelles qu'il doit avoir lorsque nous sommes debout sur nos deux jambes. Dans cette position « corrigée », les courbures cervicales, dorsales et lombaires, sont dans leur sens naturel, celui conçu pour amortir les mouvements subis ou initiés par le corps. Elle s'obtient en étant en équilibre, tonique dans le dos, souple dans le bassin, les épaules basses, le regard lointain, horizontal, le menton reculé. Cette posture permet de diminuer les contraintes articulaires par la répartition physiologique des pressions. Si les courbures se trouvent inversées, par la tête basse et les fesses rentrées, le rein arrondi et le menton en avant sur une nuque cassée, ce que l'on voit souvent chez les cavaliers débutants, les à-coups ne peuvent plus être répartis, ni amortis correctement. Les vertèbres, les disques lombaires, encaissent alors violemment les chocs plutôt que de les absorber en s'articulant en souplesse au gré des mouvements.

La position « anatomique » permet aussi au corps une adaptation proprioceptive. Il s'adapte au mouvement, à la cadence, aux changements d'équilibre, avec souplesse, mais aussi aux ruptures de mouvements, d'équilibre et de direction. Dans cette attitude, le corps ne subit pas, il

accompagne. Le cavalier développe alors une musculature « intelligente » au sens où elle s'adapte finement à chaque changement, sans crispation. Pour le cheval, cela change tout : il peut être tendu, en avant, en équilibre et relâché. Le travail du couple est alors vertueux tant sur le plan de la construction positive d'une musculature qu'en terme de prévention d'éventuelles lésions ou tensions.
En revanche, sans respect de la position anatomique, les dégâts peuvent être importants, pour le cheval comme pour son cavalier. Cela explique la mauvaise réputation de notre sport. Une équitation mal pratiquée peut effectivement entraîner des pathologies discales, l'écrasement des corps vertébraux ou encore des problèmes d'adducteurs avec des tendinites. Mais ce n'est pas un problème propre à l'équitation. Il s'agit d'un problème d'enseignement de ce sport. Il faut savoir qu'il y a très peu de contre-indications à l'équitation !

*Agnès Galletier : Quels sont les points clefs à travailler en tant que cavalier ?*

*Hervé Baldassari :* Il faut une prise de conscience corporelle globale tout en portant son attention plus particulièrement sur certains points.
Le premier d'entre eux est le respect de la position anatomique dont nous avons parlé, donc être assis sur le dos de son cheval tout en ayant notre torse dans la même position que lorsque nous sommes debout, avec la même tonicité mais aussi de la souplesse et de la décontraction pour faire jouer les courbures du dos et les articulations des épaules et des hanches, de façon à accompagner les mouvements du cheval. Je partirai de la définition de la

position du cavalier à cheval : assis de façon égale sur ses deux fesses, le dos soutenu, les épaules basses et effacées, les coudes au corps, les mains soutenues, le regard horizontal qui se porte dans la direction où l'on va, les jambes descendues, les étriers chaussés au tiers du pied, celui-ci ne repose que par le poids de la jambe, le talon bas, le genou libre, la hanche souple.

La seconde dimension fondamentale est respiratoire. Il faut obtenir un relâchement du diaphragme pour libérer la respiration ventrale, profonde. Cette respiration permet l'oxygénation des muscles et le relâchement nécessaire à l'indépendance des aides et enfin, par conséquent, le relâchement du cheval lui-même.

Troisième point : le regard. Il est capital puisqu'il donne l'impulsion et la direction. C'est notre regard qui dirige le cheval car notre adaptation oculomotrice produit de multiples indications corporelles afin que tout notre corps soit au service du mouvement sous-tendu par notre regard. Le cheval perçoit ces indications subtiles et adapte sa propre direction. L'équitation nous permet donc de travailler sensiblement cet aspect capital de notre équilibre dans nos déplacements.

En respectant ces trois lignes directrices (position anatomique, respiration et regard), le corps peut bouger, s'adapter, absorber les chocs, sans se faire de mal, bien au contraire.

*Agnès Galletier : Quelle incidence la position du cavalier a-t-elle sur le cheval ?*

*Hervé Baldassari :* Si le cavalier adopte une bonne position, le cheval peut avoir un corps léger, souple et réactif. Il peut tendre son dos et travailler en équilibre, en tonicité, relâché car sans tensions inutiles voir néfastes. Le cavalier doit pour cela être assis droit sur le faîte du toit, c'est-à-dire reposer sur la quatorzième dorsale de la colonne de sa monture, comparable à une clef de voûte. C'est la vertèbre la plus haute du rachis du cheval et la zone la plus forte de son dos. Désormais, les cavaliers ont tendance à placer la selle un peu trop en avant et par conséquence pèsent sur l'avant-main. Ils restreignent ainsi la mobilité des antérieurs et empêchent la bonne transmission du mouvement.

*Agnès Galletier : L'équitation est-il réellement bonne et indiquée pour tous ?*

*Hervé Baldassari :* Il existe de très rares cas de contre-indication, telles les scolioses graves ou encore l'ostéoporose. Personnellement, je conseille l'équitation dans des cas d'attitude scoliotique, de cyphoses ou de lordose. Ainsi, l'attitude scoliotique est une déformation du rachis sur le plan latéral. En schématisant, le dos scoliotique forme un S. L'équitation, par son exigence d'érection axiale (les fesses poussent vers le bas et la tête vers le haut), oblige ce S à s'étirer et donc à diminuer ses courbures. Les muscles courts qui maintiennent les courbes sont contraints de s'allonger. Ainsi les tensions musculaires peuvent s'équilibrer. Cet équilibre dans la musculature du dos permet ensuite, même à pied, d'obtenir une posture plus axiale.

*Agnès Galletier : Quels sont, au final, les bienfaits dont bénéficient les cavaliers dans leur vie courante ?*

*Hervé Baldassari :* En règle générale, un bon cavalier se tient bien dans la vie de tous les jours, un peu comme une danseuse tient son dos droit, son regard horizontal, ses épaules basses. Les cavaliers assidus ont une grande tonicité musculaire, un bon équilibre, une bonne coordination de mouvements, des réflexes aiguisés, une respiration maîtrisée, avec des épaules relâchées sur un axe dorsal très tonique. Ils ont une disponibilité, une aptitude à s'adapter à de nombreuses situations physiques, tant dans d'autres sports que dans la vie courante, avec de moindres risques de blessure ou de traumatisme.

L'équitation réfléchie donne au cavalier une bonne connaissance de son corps. Personnellement, j'ai bien conscience de me faire mal lorsque je me tiens assis de travers devant mon ordinateur. Dès que je commence à avoir mal au dos, je me remets dans la position axiale que l'équitation m'a apprise et tout revient dans l'ordre.

Le cavalier développe l'écoute de son corps, connaît la posture positive pour lui et peut l'utiliser dans sa vie quotidienne, à moindres coûts car il l'a mémorisée en montant à cheval et s'est préparé musculairement à son maintien. Pour les cavaliers assidus, cette position est corticalisée, c'est-à-dire mémorisée, et ils l'adoptent sans même y penser.

Le cheval nous donne les moyens de vivre mieux dans notre corps.

# Yves Grange

Éleveur et cavalier, Yves Grange est docteur en sciences politiques. Il est l'auteur d'une thèse de doctorat *Le cheval oublié*, soutenue en 1981, sur les aspects sociopolitiques de la relation entre l'homme et le cheval en France depuis le XVIIe siècle.

*“Je pense que la fonction la plus constante dans l'histoire de la relation homme/cheval est politique.”*

*Agnès Galletier: Qu'est-ce qui vous a amené à travailler sur l'histoire de la relation homme/cheval?*

*Yves Grange:* Une longue éducation, libre et ouverte, en relation avec les chevaux de l'élevage paternel et une formation complète en équitation avec des cavaliers émérites m'ont mené à me pencher sur ces questions théoriques et historiques. Les rencontres ensuite avec MM. Michel Foucault et Michel de Certeau m'ont donné confiance pour ouvrir ces recherches. Mes directeurs de thèse, le professeur François d'Arcy à Grenoble et le professeur Jean-Paul Aron à Paris, m'ont encouragé à écrire sur la relation de l'homme et du cheval sous l'angle des questions de l'apprentissage du pouvoir. Rien n'existait alors à part les analyses critiques de Jean Lagoutte sur les représentations des dominants (thèse de sociologie à Tours). Il m'a fallu quatre ans de recherche à la Bibliothèque nationale, au Collège de France et à l'École des hautes études en sciences sociales (EHESS). Une plongée dans les ouvrages d'art équestre. J'ai eu la chance qu'un général au début du XX^e^ siècle édite une bibliographie exhaustive des publications concernant le cheval. Immense travail commenté de Mennessier de la

Lance qu'il faut honorer et qu'il conviendrait de compléter avec un siècle d'ouvrages qui retracent toutes les passions équestres depuis.

*Agnès Galletier: Quel était pour vous la « philosophie » de cette recherche, quelle conviction vous animait?*

*Yves Grange:* La question du pouvoir et comment il s'apprend. Les élites civiles et militaires ont élaboré une science du pouvoir avec le cheval. Pour parler comme au XVIIe siècle, l'Art équestre c'est *le mouvement en train de se faire*, comment le maîtriser et surtout comment le codifier puis l'administrer. La domination et la conduite de la conduite ne s'apprenaient pas dans des livres mais avec l'apprentissage de civilités. Comme cavalier formé par des maîtres de manège du Cadre Noir de Saumur, on comprend assez vite que l'enjeu de ce savoir n'est pas seulement équestre. C'est une éducation du pouvoir. Je voulais en comprendre la genèse et les ressorts.

*Agnès Galletier: La nature de cette relation homme/cheval a-t-elle changé au cours de l'histoire?*

*Yves Grange:* L'évolution de la relation que nous avons au cheval depuis une dizaine d'années représente la plus grande rupture dans cet échange millénaire. Désormais, nous entretenons avec lui une relation de confort, de plaisir, sans avoir réellement besoin de lui. Auparavant, il y avait sans doute une forme de satisfaction à monter à cheval – les textes de Montaigne en témoignent – voire une thérapie induite ou recherchée dans notre rapport à cet animal. Mais cela apparaissait toujours en second plan de l'aspect utilitaire.

Aujourd'hui, le rapport entre plaisir et fonctionnalité s'est totalement inversé. Pour autant, tout n'a pas changé dans notre rapport à cet animal. Je pense ainsi que la fonction la plus constante dans l'histoire de la relation homme/cheval est politique. Et ce jusqu'à nos jours si l'on en croit la place particulière qu'occupe le cheval auprès des grands industriels comme des hommes politiques. Derrière le prestige peuvent se cacher souvent des raisons fiscales, en particulier dans le domaine des courses. Le cheval demeure un symbole de luxe et de pouvoir. Il est souvent offert par des chefs d'État (souvenez-vous de l'akhal téké offert à Mitterrand) et il entoure toujours les grandes cérémonies officielles. L'équitation elle-même demeure un outil politique après avoir été une science politique au service des gouvernants. Précisément depuis le XVII^e^ siècle, période où la science équestre, qui mêle équitation, hippiatrie et notions militaires, devient fondatrice d'une culture d'élite, dans une société qui se structure sur un mode pyramidal, du pouvoir absolu. Les cavaliers y exercent le pouvoir. L'animal est « médiateur » de ce pouvoir. Il le représente. C'est l'exercice de la force mais une force qui obtient une soumission volontaire, une sorte d'assentiment, une obéissance. Telle est la lecture « cavalière » du pouvoir qui inclut un code de l'honneur et de discipline. La raison cavalière est une raison d'État. Les façons de diriger un peuple et de diriger un cheval sont sans cesse mises en parallèle, c'est en particulier explicite chez Pluvinel et Newcastle. Cela se développe dans le manège royal de Versailles, les académies équestres, en Italie, en France et ailleurs en Europe. Les écoles militaires s'organisent aux XVIII^e^ et XIX^e^ siècles autour de cette théorisation de l'équitation. C'est en fait une idéologie du pouvoir et la dominance de soi sur les autres, un art du commandement.

*Agnès Galletier : N'y a-t-il pas aussi une question de dominance sur soi-même via l'équitation ?*

*Yves Grange :* Bien sûr, mais d'abord sur les autres. Pensez à Clemenceau et Le Bon, contemporains. L'exigence de ce commandement suppose cette maîtrise de soi. L'équitation a servi à conduire une éducation politique où les deux capacités se perfectionnent l'une l'autre.

*Agnès Galletier : Quelles projections fait-on sur le cheval au fil des siècles ?*

*Yves Grange :* Globalement, on pourrait dire que dans la basse Antiquité, l'homme est dans une problématique de domestication du cheval. Dans l'Antiquité, ce qui compte le plus est son rôle dans la représentation du pouvoir, l'image de la puissance. C'est le sens des nombreuses statues équestres alors produites. Au Moyen-Âge, il n'y a pas de théorie du dressage du cheval. Il n'est pas réellement élevé car il n'y a pas encore les notions de races telles qu'elles vont se préciser à partir du XVI^e^ siècle et surtout au XIX^e^. Il est monté selon des besoins pratiques et le rôle théorique et dogmatique ne semble pas prédominant. En revanche, au XVI^e^ siècle, le cheval commence à prendre un nouveau rôle, avec les premiers traités d'équitation.

*Agnès Galletier : Pourquoi à cette époque précisément ?*

*Yves Grange :* Ce sont les relations avec les académies italiennes, donc une nouvelle manière de penser la

politique à la Renaissance. Cette science politique fondée sur le savoir équestre prendra tout son sens au XVIIIe siècle où les manèges deviennent de véritables écoles pour les élites politiques et militaires. Monter à cheval est un privilège en même temps qu'un savoir. Au XIXe siècle, le cheval reflète la société politique en mutation. Il peut être l'un des grands symboles romantiques, un révélateur de la nature telle que le conçoit ce courant, exaltée et insoumise. Mais concrètement, il représente plus que jamais une puissance physique au service des hommes. En cette période de mécanisation, il devient lui aussi un instrument, un outil au même titre que les machines, voire au service des machines elles-mêmes.
La mode de l'hippophagie sous le Second Empire doit être interprétée comme un moment majeur de l'évolution de nos relations. En mangeant le cheval, l'homme moderne tente alors d'intégrer (d'ingérer) la puissance symbolique de l'animal. Comme si les croyances se tournaient tout entières vers un monde mécanique, dit de progrès. Je dis « on tente » car en réalité, la pratique hippophagique restera minoritaire, pour ne pas dire marginale. Au-delà des changements de société, le cheval demeure un symbole plus encore qu'un outil. C'est ce qu'il est finalement au XXe siècle et ce que notre siècle devrait confirmer. Le risque est d'en faire un animal de compagnie comme le fustige à juste titre Jean-Pierre Digard. L'altérité est la condition de l'équitation et de l'effort de l'homme avec l'animal.

*Agnès Galletier : Au cours de l'histoire, le cheval fait-il surtout du bien à une élite, aux dépens du reste de la population ?*

*Yves Grange :* Il assoit le pouvoir, au propre comme au figuré. Ce n'est pas innocent si les rois et les grands chefs militaires sont représentés à cheval, que ce soit en peinture ou par des statues équestres. Remarquez que ces statues équestres ont toujours leurs chevaux surélevés sur un socle, en mouvement avec un pied s'avançant au-dessus du piéton, indiquant la puissance du cavalier et la soumission de celui qui le regarde. Aujourd'hui encore, le cavalier est souvent perçu par les piétons comme un être qui cherche à imposer sa puissance physique mais aussi sa supériorité sociale. Voyez Henri IV sur le pont Neuf à Paris, ou Louis XIV à Lyon et Montpellier par exemple. En Italie, les condottieres, derniers vainqueurs, sont représentés ainsi. L'usage du cheval a changé mais le regard que l'on porte sur lui est resté le même. La statue équestre est le symbole fixe, institutionnalisé, de celui qui monte. De même celui qui monte sait dresser, donc sait commander. D'ailleurs, médiatisation télévisuelle aidant, les chefs d'État ne manquent jamais l'occasion de se montrer à cheval, partout dans le monde, de Poutine à Reagan en passant par Khadafi ou encore Sarkozy, il y a peu de temps, sur le dos d'un cheval camarguais devant une armée de journalistes comme le montre Jean-Louis Gouraud dans son ouvrage récent sur le cheval animal politique[1].

*Agnès Galletier : Pour autant, le cheval n'a pas servi que les élites. De nombreuses classes sociales ne se sont-elles pas « emparées » du cheval ?*

1. Jean-Louis Gouraud, *Le cheval, animal politique*, Lausanne, Favre, 2009.

*Yves Grange :* Au moment où la bourgeoisie se développe et s'impose en France, au XIX^e^ siècle, elle s'empare à son tour du cheval et l'emploie à sa façon. Elle développe et utilise « ses races ». Alors que l'aristocratie s'entiche du cheval anglais et s'enivre de vitesse, par exemple sur les champs de courses, la bourgeoisie besogneuse et raisonnable recherche la race par la « pureté » du sang. Elle s'efforce de créer ses races, tel le pur-sang français et le trotteur français. Ces deux exemples sont caractéristiques des conceptions nationales qui s'installent alors. Ces quêtes iront jusqu'à faire imaginer la possibilité d'un eugénisme général, de la sélection des races par des critères de pureté y compris pour les humains. Grave dérive dont nous savons au XX^e^ siècle les conséquences majeures, inadmissibles, politiques et morales, encore mal élucidées sous cet angle de la culture équestre fortement idéologisée.

*Agnès Galletier : Dans les campagnes, le cheval a-t-il une signification différente ?*

*Yves Grange :* Oui. Bernadette Lizet, chercheur au CNRS et auteur d'un ouvrage sur hommes et chevaux au travail, a bien montré combien le cheval de trait s'inscrivait lui aussi dans cette représentation humaine et identitaire. Le cheval de travail dans notre société rurale a occupé une place prépondérante dont nous perdons la valeur aujourd'hui. Chaque ferme, chaque contrée avait ses chevaux. Cette immense culture s'est éteinte ces dernières décennies, les chevaux étant remplacés par les tracteurs dans les années 1950. La « réorganisation des haras » de ces dernières années sonne le glas de ces savoirs et des considérables manières de faire et de vivre construites avec l'action de l'État depuis le XVII<sup>e</sup> siècle en France et en Europe.

*Agnès Galletier : Depuis le XVIIe siècle, chaque classe sociale se projetait dans « son cheval » ?*

*Yves Grange :* Oui, dès lors que l'on associe à des groupes d'hommes des fonctions économiques et politiques. Cependant, il convient de comprendre de façon pratique ce qui est voulu par les hommes, quels que soient leurs milieux, lorsqu'ils développent un usage spécifique du cheval. Il ne me paraît pas correct, en tout cas cela serait réducteur, d'opposer ces usages en fonction des hiérarchies sociales. On ne comprendrait pas ce qui se passe sous le Premier Empire lorsque les ex-sous-officiers, à la suite de la noblesse en partie déchue puis alliée à la bourgeoisie industrielle, s'approprient les chevaux et l'équitation pour créer la cavalerie moderne et ensuite les sports équestres, véritables rituels de la culture équestre. Bien sûr, l'équitation est un savoir d'élite et la capacité de cavalier était déniée à tout autre. Mais les représentations équestres sont plus interpénétrées que cela. Partout le cheval a été un signe de distinction. Il l'est encore. Il signifie une manière de voir et de faire. J.-P. Digard a analysé cette problématique planétaire, très diverse et forte en démontrant que le cheval est un animal culturel universel.

*Agnès Galletier : Et partout, chacun veut son cheval particulier ?*

*Yves Grange :* Cela va même plus loin car chaque pays voulait aussi « son » cheval. Ainsi, lorsque l'Angleterre a connu un immense succès planétaire avec le pur-sang anglais, l'administration des haras, donc l'État français, a voulu créer son pur-sang français, appelé depuis l'anglo-arabe. Il s'agit d'une création à partir des deux autres pur-sang en vue au XIXe siècle, et nommés comme pur-sang par nous, arabes et anglais. L'État français trouvait dans cette manière de « croiser » une possibilité nouvelle en valorisant le mélange des vertus supposées du Sud et du Nord et le développement une idéologie autour du « sang » et de sa « pureté ». Le trotteur français s'inscrit dans cette histoire avec une logique où la sélection par l'effort et le mérite tente de primer sur celle de la généalogie d'étiquette. Il est créé dans le même esprit idéologique mais en partant de la spécificité d'une pratique qui pourrait générer une *race* correspondante. Cette approche plus pragmatique est liée à la revendication d'un savoir-faire plus axé sur le travail, l'industrie, l'utilité. Typiquement une conception « bourgeoise » comme on disait à une époque. Je crains que ces langages ne soient eux-mêmes très datés et amalgamés, occultant de ce fait le regard que l'on peut porter sur l'évolution de cette relation.

*Agnès Galletier : Il y a donc envers le cheval une appropriation, une source de fierté individuelle ou collective. Mais y a-t-il du plaisir ?*

*Yves Grange :* Il y a certainement toujours eu un plaisir lié à la maîtrise de l'animal et à la recherche de performance. Depuis environ un siècle, le plaisir était devenu plus technique, avec l'invention de la discipline du dressage, qui génère une satisfaction dans l'accomplissement de figures codées à la suite des règlements militaires. C'est encore le cas en Allemagne où la Fédération du dressage invoque le règlement de la cavalerie allemande de 1912 pour expliquer ses choix intangibles. L'équitation éthologique est aussi une idéologie qui repose sur la représentation actuelle de la liberté individuelle et affective. Aujourd'hui, on s'approprie un cheval pour le plaisir d'être propriétaire d'un symbole. La relation comme symbole. Du coup, on voit de plus en plus de gens qui privilégient la *communication* avec l'animal plutôt que l'équitation elle-même. Il y a dans cette évolution actuelle un enjeu culturel, de développement personnel, un nouvel anthropomorphisme.

*Agnès Galletier : En tant qu'historien, quel sens donnez-vous au rapport au cheval ?*

*Yves Grange :* Tout d'abord, je donne un sens fondamental au fait de monter encore à cheval. L'anthropologie dit que l'homme a libéré son cerveau, et donc a pu le développer lorsqu'il a pu se redresser sur ses membres postérieurs et utiliser ses antérieurs, qui sont devenus ses bras et ses mains avec l'opposition du pouce et des doigts. En montant à cheval, nous tentons de libérer aussi nos jambes. Le cheval achève symboliquement, de nous élever. Dans le rapport entre bipédie et quadrupédie, entre l'homme et le cheval, il y a un devenir profond. Par exemple en demandant le rassembler du cheval, pour alléger l'avant-main et mettre le poids du corps sur l'arrière-main, les hommes demandent au cheval d'être un bipède. Toutes les figures équestres classiques tournent autour de cette attente. Dresser c'est mettre droit le cheval. Debout, c'est une figure morale.

*Agnès Galletier : Personnellement, que vous a apporté le cheval ?*

*Yves Grange :* Ce que je viens de dire sur l'histoire des relations des hommes et des chevaux dans l'histoire et dans le monde. C'est aussi une interrogation philosophique permanente que de savoir comment on communique avec le cheval. Animal singulier dont les sens sont particulièrement développés. On retrouve une compétence humaine, dite cavalière, hors du langage, pour sentir et faire sentir le mouvement, la force, l'humilité, les sens, l'amour de la vie. C'est aussi une manière de rencontrer d'autres hommes, sur des questions qui seraient difficiles de soulever en vérité sans l'entremise du cheval, telles que l'exercice du pouvoir, l'affection ou encore l'effort.

Ces plaisirs équestres renouvellent aujourd'hui la liberté humaine pour qui le veut.

## Monique Miserez

Monique Miserez propose depuis 2008 en France et en Suisse des stages de développement personnel selon une technique dite « facilitée par les chevaux », telle que la pratique Linda Kohanov, mondialement connue pour son livre *Le Tao du Cheval*. Monique Miserez est licenciée en sciences sociales et psychopédagogiques et « *Epona Approved Instructor* » (méthode Kohanov).

*“Le cheval est comme un miroir*
*qui permet aux personnes de se voir telles qu'elles sont,*
*où elles en sont à ce moment précis.”*

*Agnès Galletier: En quoi consiste le « développement personnel facilité par le cheval » ?*

*Monique Miserez:* Cette approche, créée aux États-Unis par Linda Kohanov, porte en anglais le nom d'E.F.E.L. qui signifie « *Equine Facilitated Experiential Learning* ». Dans cet intitulé, il faut bien retenir le « *experiential* » car il s'agit d'une expérimentation avec les chevaux, qui conduit à un apprentissage. Cette approche réunit ce que la psychologie, les techniques corporelles et la pratique spirituelle nous apportent en général, agrémentées par le pouvoir de guérison très particulier de ces animaux. L'échange et les expériences possibles avec le cheval nous donnent l'occasion d'apprendre de nouvelles manières d'être et de faire, utiles pour notre vie personnelle, professionnelle, familiale. Les objectifs principaux, lors d'un stage d'un ou deux jours, sont d'accroître la confiance et l'estime de soi, de rester dans le temps présent en comprenant ce qui se joue à ce moment précis, de devenir conscient de ses projections et transferts, de poser et maintenir des limites afin de préserver son espace de confort vis-à-vis de soi-même comme vis-à-vis de l'autre, d'identifier et conduire au changement des schémas dysfonctionnels, d'augmenter le sens du « vrai soi ». Les stagiaires y parviennent en retrouvant leurs émotions et en détectant les messages de celles-ci, avec l'aide des chevaux.

*Agnès Galletier : Comment êtes-vous venue à utiliser cette technique ?*

*Monique Miserez :* J'ai découvert en 2006 cette approche en lisant le livre de Linda, *Le Tao du cheval*. Ce fut une révélation. Depuis ma petite enfance, je savais que les chevaux étaient mon oxygène, que lorsque j'étais avec eux je me sentais vraiment moi-même. Mais je ne savais pas pourquoi et je ne parvenais pas à transposer ce bien-être dans mes activités en dehors des écuries. Quelques mois après avoir lu le livre, j'ai pris mon billet d'avion pour participer à un stage en Arizona, à titre personnel. Lors du travail avec Linda, cette relation homme/cheval a enfin pris tout son sens. Ce fut d'abord éprouvant car, durant ce premier stage, j'ai pleuré pendant quasiment toute la semaine. Je pouvais enfin enlever toutes les carapaces psychiques, les rigidités protectrices qui m'avaient à la fois fait tenir et étouffée jusque-là. Au cours du stage, j'ai pu laisser mon mental de côté pour me connecter à mon ressenti. J'ai appris dans un manège que le mental doit être au service de nos ressentis et non l'inverse si l'on veut aborder son véritable soi, la personne que l'on est intrinsèquement et non l'individu que l'on a projeté sur nous ou que l'on s'est construit. Le mental doit nous aider à gérer ce qui vient de nous et non tenter d'asservir, d'étouffer ce qui nous constitue profondément et que le cheval détecte instantanément.

Par la suite, je suis retournée trois fois en stage, toujours pour des raisons personnelles. Ce travail a tellement révolutionné mes ressentis, mes relations aux autres, bref ma vie, que j'ai voulu aller plus loin, approfondir pour, un jour, pouvoir transmettre cette expérience. J'ai complété mes formations jusqu'à devenir progressivement, naturellement, à mon tour « facilitatrice » et accompagner des personnes sur leur chemin de vie avec l'aide des chevaux.

*Agnès Galletier : Comment utilisez-vous le cheval ?*

*Monique Miserez :* Comme un miroir qui permet aux personnes de se voir telles qu'elles sont, où elles en sont à ce moment précis. Tout le travail que nous proposons consiste à entrer en soi, à se centrer sur ses ressentis, avec l'aide du cheval. Cela passe par plusieurs étapes. Après avoir demandé une évaluation des ressentis physiques, individuels, sans les chevaux, je place les stagiaires face à ceux-ci, à pied. Je leur demande de se concentrer sur leurs sensations physiques et d'évaluer ce qui se passe en eux, en présence du cheval, comparé à leurs sensations précédentes, en solo. Lors de cette expérience, les personnes peuvent distinguer si une tension musculaire apparaît, si elles ressentent des maux de ventre, de tête, si elles crispent les mâchoires ou contractent la nuque davantage, différemment ou plus du tout lorsqu'elles sont en face du cheval. Nous faisons cet exercice avec plusieurs chevaux, ce qui permet de constater des différences d'un animal à l'autre. Les stagiaires éprouvent alors que ce n'est pas « le cheval » qui leur fait tel ou tel effet, mais un cheval en particulier, dans son individualité. Un autre exercice proposé sur le ressenti est de rechercher la façon dont s'établit la connexion avec le cheval. Se fait-elle au niveau de la tête, du ventre, du cœur... ou pas du tout ! Nous cherchons à déterminer si la connexion se fait de façon différente face à des chevaux différents. Bref, tout est mis en œuvre pour retrouver les moyens de se connecter à son propre ressenti et à partir de ce ressenti, de voir où et comment se fait la relation à l'autre, en l'occurrence au cheval. C'est essentiel avant même de tenter d'interagir avec lui. Dans un second temps, je propose effectivement aux personnes de faire quelque chose avec le cheval, de trouver un mode de coopération dans un projet qu'ils établissent eux-mêmes. C'est alors que les stagiaires peuvent vraiment se rendre compte s'ils sont dans une projection mentale, du type « je veux faire cela », « il faut faire comme ça », « je vais être ridicule si j'agis comme ça », ou s'ils sont réellement connectés à eux-mêmes et à leur partenaire cheval. Tant que les personnes proposent quelque chose qui leur semble souhaitable, signifiant, valorisant, le cheval ne s'y intéresse pas. Il coupe le contact, par un mur d'indifférence, jusqu'à ce que la personne soit obligée de se demander à elle-même, en profondeur ce qu'elle ressent comme possibilité, comme envie de faire. Le cheval se montre coopératif, disponible, si la personne écoute les propositions émergeant réellement d'elle-même et non de sa projection de ce qu'il faudrait faire, pour plaire ou être intéressant. Il le fait instantanément, sans jugement ou rancune, puisqu'il n'a pas d'attente envers nous. Cette adaptation immédiate du cheval à la qualité de l'échange proposé permet un effet miroir, sans aucune déformation par l'affectif ou la morale, qui reflète instantanément nos points forts ou faibles.

*Agnès Galletier : Quelles sont les attentes des personnes qui viennent en stage ?*

*Monique Miserez :* Elles cherchent à se reconnecter à leurs émotions de façon à vivre en harmonie avec celles-ci. Certaines personnes se sont déconnectées de l'émotionnel, pour se protéger. D'autres, au contraire, sont envahies, submergées par lui, sans pouvoir le contrôler. Lorsqu'elles viennent à la thérapie par le cheval, ces personnes ont parfois un long parcours thérapeutique derrière elles, souvent jonché de psychothérapie, d'analyse ou autre. Elles ont donc conscience de leurs dysfonctionnements, ont mis des mots dessus, mais ne sont pas parvenues à toucher le cœur du malaise pour en saisir la racine émotionnelle. Le cheval, lui, se moque des mots et de la conceptualisation : il va directement au centre du problème, sans se demander d'ailleurs si cela peut nous déranger ou non car il n'est pas embarrassé par la morale. Par exemple, je me souviens d'une personne qui était tétanisée par ses émotions, lors de la mise en face à face avec le cheval. Elle ne pouvait plus bouger et se trouvait pétrifiée. Le cheval est alors venu vers elle et a posé le nez sur son cœur. Cela a suffi pour que la personne fonde en larmes et puisse passer cette barrière émotionnelle qui la pétrifiait. Le cheval, par son acte, lui a permis d'extérioriser les émotions qu'elle bloquait depuis très longtemps. Pour d'autres, cela peut être le contraire. Je me souviens d'une femme qui faisait le clown pour communiquer sans s'exposer vraiment.

Elle le faisait dans la vie et du coup, dans le rond de longe aussi, avec le cheval. Tant qu'elle a fui son véritable moi par le biais de ses clowneries, le cheval est resté parfaitement indifférent. Il a fallu qu'elle cesse ce rôle, qu'elle arrête de fuir ses émotions réelles, pour qu'il commence à coopérer.

*Agnès Galletier : Quelle différence voyez-vous entre la thérapie avec le cheval et les thérapies « classiques » ?*

*Monique Miserez :* Dans une thérapie verbale, avec une personne, il y a beaucoup de transferts, de projections. Celles-ci peuvent être positives pour la thérapie le temps d'une prise de conscience, mais parfois il est ensuite difficile de les dépasser. De « tuer » le psy comme on doit « tuer » le père… D'autant que l'on voit parfois des contre-transferts de la part du psy vis-à-vis du patient. Avec le cheval, le transfert est beaucoup plus difficile – même si certaines personnes me disent « il réagit comme ma mère, comme mon père » – et le contre-transfert impossible car le cheval reste toujours lui-même. L'autre grande différence est que la thérapie assistée par le cheval passe par le non-verbal pour accéder aux émotions et à l'inconscient. Ce n'est que lorsque l'émotion émerge que l'on place des mots dessus. Dans la plupart des thérapies classiques, il se produit l'inverse : c'est par les mots, leurs associations, leur sens direct ou indirect que l'on cherche à stimuler l'inconscient et faire remonter des émotions. Je pense que l'on peut ainsi tourner autour du problème principal pendant longtemps, parfois même parvenir à ne jamais toucher du doigt ce problème car nous sommes très forts pour nous mentir à nous-même. Surtout face à un humain dont nous redoutons toujours le jugement ! Je pense en général que dans le processus classique de soins, nous avons tendance à faire taire le mal-être, en soignant la douleur ou les symptômes, appelés « maladie », plutôt que de traiter la cause du mal-être. Derrière les symptômes physiques il y a une émotion et derrière l'émotion il y a un message inconscient. C'est donc l'émotion et son message que l'on peut tenter de retrouver avec la thérapie assistée par le cheval ou toute autre thérapie assistée par un animal. L'émotion négative ou mal gérée étant souvent la cause du mal-être, cela me semble plus juste de travailler directement sur l'émotionnel, sans y mettre d'abord la barrière verbale. Et sur le terrain du non-verbal et de l'émotionnel, le cheval est infaillible.

*Agnès Galletier : Comment le cheval peut-il nous percevoir aussi précisément ?*

*Monique Miserez :* Parce qu'il est hypersensible, de par sa nature même de proie qui le contraint à une grande acuité et aussi par son habitude de vivre en communauté, avec un langage du corps très subtil. Ces conditionnements le conduisent à percevoir instantanément la moindre accélération du rythme cardiaque, une légère contraction des lèvres ou une respiration anormale. Il reçoit toutes ces informations en temps réel, sans y porter de jugement, mais en les prenant en compte pour son propre intérêt. Pour lui, ce sont de simples informations, permettant de savoir s'il y a danger ou pas. Ce qui se passe en nous-même, il le prend comme information pour lui, pour sa propre sécurité et son confort. Il veut savoir s'il doit ou non vous considérer comme un partenaire. Ce n'est pas que vous soyez en colère ou stressé qui le gêne vraiment, car cela ne lui nuit pas. À moins que vous vous agitiez en tous sens ou que vous le menaciez ! Ce qui l'alerte, c'est le manque de congruence : vous voulez paraître décontracté, vous tentez de vous conduire comme tel, alors que vous ne l'êtes pas. Là, le cheval va se méfier de vous ou refuser l'interaction. Ce n'est pas la peur ou la colère qui le gêne, c'est que votre comportement « sonne faux ». Vous n'êtes pas crédible, donc pas fiable. Et une proie, vulnérable, a besoin d'un partenaire fiable. Le cheval détecte et réagit à nos sentiments enfouis, à nos contradictions, donc exactement à tout ce qui nous empoisonne la vie et qui pourtant est si difficile à faire émerger, à regarder en face et à dépasser. Lui pointe instantanément nos failles, mais sans les juger, avec patience et bienveillance. Il fait résonner nos blessures anciennes et nous propose de nous apaiser en accueillant ces blessures et en nous aidant, par ses réponses (intérêt ou indifférence, coopération ou opposition, confiance ou méfiance), sur le chemin de notre congruence interne.

*Agnès Galletier : Quelles émotions reviennent le plus souvent au contact des chevaux ?*

*Monique Miserez :* La première est la peur. C'est assez fréquent parce que de nombreuses personnes ont peur des chevaux. Soit que leur puissance les impressionne, soit qu'elles ont eu tout simplement une mauvaise expérience. Mais cette peur du cheval est souvent très vite dépassée dès que le contact direct peut s'établir avec l'animal. Ce qui est alors intéressant, c'est de travailler sur cette émotion de peur qui répond à un message inconscient de vulnérabilité. Autre émotion fréquente : la tristesse. Derrière cette tristesse, il y a généralement le constat que cela ne fonctionne plus, qu'il va falloir quitter quelque chose ou quelqu'un ou en tout cas faire évoluer la situation. Cette émotion est différente du chagrin. Lui exprime le départ de quelque chose ou quelqu'un. Il y a souvent des deuils de situations, de sentiments, qui n'ont pas été faits et dont le chagrin revient à la surface dans la thérapie assistée par le cheval. Enfin, je constate que la frustration et la colère ont aussi une large place dans la palette des sentiments émergeant auprès du cheval. Vous remarquerez que les cavaliers se mettent souvent en colère à l'encontre de leur monture. C'est généralement lié au fait que ces personnes ont du mal à poser des limites dans une relation, humaine ou interespèces. Tout simplement parce qu'elles ne sont pas connectées à leurs ressentis. Elles se comportent comme des éponges face aux événements, à leur environnement, à ce que renvoient les autres. De ce fait, leur objectif, ce qu'elles veulent réellement et ce qu'elles ne veulent pas, devient très flou. Dans la relation à l'autre, cela engendre rapidement – ou à terme pour les plus patients – une frustration. La colère qui surgit signifie « cela ne se passe pas comme je veux, je me suis encore fait avoir ». Avec leur cheval, ces mêmes personnes désirent ou attendent quelque chose, mais n'énoncent pas clairement leur demande. Parfois parce que ces attentes sont inconscientes ou confuses, voir contradictoires. Elles ne posent pas franchement de règles et laissent progressivement le cheval se désintéresser ou prendre le dessus dans la relation. Une fois franchies les limites de ce que ces personnes refusent confusément, elles en veulent au cheval. Là encore, dans cette écurie où elles pensent donner le meilleur à leur cheval, elles se sont fait avoir à leur propre système, avec en prime le sentiment désagréable que si l'animal ne leur obéit pas, c'est qu'il ne les aime pas. Ce qui n'a en fait rien à voir. Le cheval nous demande seulement d'être cohérent et clair pour se montrer coopératif. Les personnes qui n'y parviennent pas sont immanquablement renvoyées à leurs incohérences ou à leur manque de pertinence, de volonté réelle, etc. Elles n'obtiennent pas ce qu'elles veulent du cheval et c'est forcément agaçant ! Mais le problème n'est généralement pas le cheval. Celui-ci se fait juste l'amplificateur d'incohérences ou d'hésitations que nous avons initiées. Ainsi, quelqu'un qui demande à son cheval de passer un obstacle, mais en a inconsciemment peur, ne donnera pas d'indications cohérentes. N'empêche qu'il finira par s'énerver si sa monture ne franchit pas l'obstacle et prétendra que c'est de la faute de celle-ci et qu'elle mérite bien une correction. Vis-à-vis du cheval, seule la justesse de nos ressentis permet de fixer des objectifs cohérents, pertinents et de savoir lorsque nous nous en éloignons. Si nous sommes justes, il adhère à notre projet. Sinon, il s'oppose, en se montrant distrait, rétif ou indifférent.

Une autre raison pour laquelle le cheval met les cavaliers en colère est son indépendance. Il n'a pas réellement besoin de nous. Il a donc le choix de coopérer ou non, de nous remettre en place, contrairement au chien qui fera tout pour s'adapter à nos contradictions. Cette indépendance est difficile à gérer pour un grand nombre de personnes qui vivent sur un mode affectif que l'on peut résumer par « tu es avec moi ou contre moi ». Le fait que le cheval soit indépendant les déstabilise. Elles se sentent facilement rejetées, jugées. C'est là encore une source de frustration et de colère que les chevaux peuvent payer cher. Mais nous ne pouvons pas rendre le cheval dépendant, du moins dans une vie qui lui ressemble un tant soit peu, c'est-à-dire en extérieur et en communauté. Et même dépendant de nous pour sa nourriture ou son défoulement, lorsqu'il est enfermé 23 heures sur 24 dans un box, il n'en est pas pour autant servile et complaisant.

*Agnès Galletier : Y a-t-il une différence entre l'homme et la femme dans le rapport aux chevaux ?*

*Monique Miserez :* Il y a depuis quelques années une féminisation du monde équestre qui se retrouve dans la proportion de femmes venant aux stages. Elles sont aujourd'hui majoritaires. En généralisant, je peux dire que les hommes recherchent généralement une connexion avec leurs ressentis alors que les femmes cherchent, elles, à gérer des émotions qui les envahissent. Les hommes veulent dépasser les barrières de leur mental pour se reconnecter sur leurs sensations. Chez ces hommes-là, souvent blindés depuis l'enfance ou au plus tard au moment de l'entrée dans la vie professionnelle, les pleurs peuvent apparaître, parfois simplement en se tenant face au cheval. Ils sentent enfin face à eux une disponibilité, une réceptivité sans jugement qui les émeut et leur permet de se lâcher. Je

pense aussi que le fait d'entrer dans le champ énergétique du cheval, dans un périmètre de sept à huit mètres autour de lui, n'est pas anodin. On entre là dans une énergie favorable à la sensibilité, l'intuition, l'empathie, le soin. Ces hommes qui ont dû prouver leur force, leur volonté, qui ont dû « assurer » pendant si longtemps, se rendent alors compte à quel point ils ont été coupés d'une partie d'eux-mêmes. Ils me disent : « Je ne me souvenais plus que c'était si bon. » Si bon d'être simplement soi ! D'autres se rendent compte qu'enfermés dans leur système défensif, rigide, ils ont pu faire beaucoup de mal autour d'eux. Certains demandent alors pardon pour les dégâts que leur pseudo-indifférence ou leur dureté ont pu produire, que ce soit chez d'autres humains ou auprès des chevaux.
Les femmes vont plutôt se focaliser sur une émotion particulière, comme la tristesse ou la colère. Elles profitent du « déclencheur cheval » pour approfondir un sentiment qui les handicape dans leur vie. Par exemple, elles peuvent évacuer en séance un deuil qui n'a jamais été fait. Elles cherchent à se libérer émotionnellement alors que les hommes tentent davantage d'analyser. Autre différence : les hommes cherchent à être dans l'action, ils veulent faire quelque chose avec le cheval, ils cherchent à anticiper. La problématique est : « Qu'est ce qu'on fait ? » Les femmes sont plus souvent dans l'accueil, la réceptivité, le temps présent. Elles acceptent davantage d'être dans le non-faire et de laisser l'initiative à l'animal. Par exemple, elles se contentent de marcher à ses côtés, à son rythme, puis elles reprennent l'initiative, en alternance. Mais cela peut aussi poser un problème, car si elles ne sont que dans la réceptivité, elles ne

peuvent pas mettre en place une action avec le cheval. En fait l'« idéal » serait d'allier la réceptivité avec l'action. Les hommes veulent monter, maîtriser cette puissance qui les fascine. Ils se comportent davantage en prédateurs, voulant s'octroyer la puissance du cheval. Puissance physique, puissance sexuelle, puissance symbolique. Au contact du cheval, l'homme est souvent confronté à son angoisse d'impuissance, la femme à sa crainte ou sa fascination de la masculinité, de la virilité. Cela nous renvoie à notre rapport à notre propre puissance, à la place de la sexualité dans notre vie. Face à ces interrogations, à ces constats, il n'y a pas de réponse type, pas de systématisme dans cette thérapie assistée par le cheval. Celui-ci nous renvoie des informations, agit d'une façon que nous pouvons interpréter et utiliser différemment selon les individus, le contexte, les attentes de chacun. Ce qui compte au final c'est qu'il se produise quelque chose d'utile à la personne, au point d'évolution où elle se trouve. Et cela se passe immanquablement. Chacun repart, homme ou femme, cavalier ou non, en posant son rapport aux autres – dont les chevaux – différemment. Il y a davantage d'écoute, d'échange et de recherche d'accord sincère, en soi-même et avec l'autre. La présence est plus conscientisée, plus intense, la disponibilité et l'empathie plus grandes, la capacité à dégager des priorités ou à donner une juste interprétation aux émotions est plus opérationnelle, malgré des pressions extérieures qui elles ne changent pas. Les chevaux ne changent ni notre vie, ni nous-même. Ils nous proposent seulement de nous reconnecter à la réalité, à ce que nous sommes, à ce que l'autre est. Et à accueillir cela, sans jugement.

*Agnès Galletier : Quelle est la réaction des chevaux ?*

*Monique Miserez :* Généralement, ils se tiennent près de la personne tant que celle-ci en est au travail émotionnel. Ils sont debout, à ses côtés. Lors de la phase de libération par la prise de conscience d'un problème, on les voit bâiller, mâchonner, détendre l'encolure en baissant la tête. Alors que le stagiaire, lui, est souvent secoué de larmes. Parfois, dans cette détente générale du corps, les mâles laissent pendre leur pénis (réaction normale de détente chez les chevaux), ce qui pose toujours question aux néophytes ! Ce relâchement général est immédiat, parfaitement synchrone avec le « coming out » du stagiaire. Une fois la personne soulagée, apaisée, ils repartent brouter, comme si la vie normale pouvait reprendre son cours. Cet accompagnement touche beaucoup les personnes au travail. L'absence de jugement, d'impatience, de projection les aide. La notion de générosité du cheval revient souvent dans le ressenti de cette confrontation. C'est quelque chose que tous les cavaliers connaissent mais qui s'exprime différemment dans l'échange au cours des stages parce qu'il n'y a pas de notion d'effort physique ou de courage du cheval. Juste de son aptitude à nous accompagner sur notre chemin d'accomplissement.

*Agnès Galletier : Les chevaux trouvent-ils leur compte dans ce travail et en général auprès des humains ?*

*Monique Miserez :* C'est très variable. Certains ne s'intéressent manifestement pas à l'accompagnement émotionnel des humains et préfèrent être montés, jouer avec nous ou tout simplement être au pré avec leurs congénères. D'autres acceptent l'interaction avec les stagiaires mais se lassent très vite. En revanche, certains prennent manifestement du plaisir à cette « activité » et restent même dans le manège, auprès de nous, voire auprès d'un stagiaire en particulier, alors qu'ils sont censés retourner au pré. Je me souviens de Max qui, à 30 ans, était censé prendre sa retraite mais déprimait tant qu'on ne le remettait pas au travail auprès des humains. Pour autant, ils ont tous besoin de vivre leur vie de cheval et de retrouver leurs activités naturelles, entre eux. Chez Linda, certains travaillent une semaine entière avec les stagiaires, mais ils ont toujours une semaine de « repos », en troupeau, en suivant. On ne peut pas dire que tous les chevaux soient des accompagnateurs, mais certains sont à l'évidence des thérapeutes nés.

*Agnès Galletier: Que vous ont personnellement apporté les chevaux ?*

*Monique Miserez :* Ce que j'appelle l'ouverture du cœur et qui pour moi est capitale. Lorsque je suis allée en stage chez Linda Kohanov, je ressentais, face au cheval, mon cœur emprisonné derrière des barreaux. Je pouvais les visualiser et sentir combien cette oppression m'empêchait de respirer. Le travail réalisé avec le cheval Samson m'a permis de faire sauter ces barreaux et de libérer cet espace du cœur pour en faire mon lieu d'échange et d'interaction avec le monde extérieur. Non pas que je n'avais pas de cœur avant cette expérience, mais j'étais justement trop émotive, trop affectée par les événements et me laissais complètement dépasser par mon affect qu'il fallait donc barricader. Aujourd'hui, je ne perçois plus les gens, les événements de la même façon parce que je les accueille en étant centrée sur mon énergie, mes ressentis du cœur et non ceux du cerveau. J'écoute ce que je ressens de l'intérieur, en profondeur et j'éprouve ainsi moins de peur, moins de défiance et de jugement. Désormais, je mets une conscience et des mots sur mes sentiments intérieurs alors qu'avant, je tentais vainement, avec mon seul cerveau, de donner du sens à ce qui m'arrivait de l'extérieur.

Ce travail avec les chevaux m'a permis de mieux sentir mes limites personnelles et de les poser plus clairement à moi-même et aux autres. Je me respecte davantage et n'ai plus peur d'être rejetée si je dis « non ». Les chevaux m'ont appris qu'un vrai « non » sincère, sans ressentiment et sans ambiguïté, est toujours plus constructif qu'un mauvais compromis.

Ils m'ont aussi ouvert sur le monde animal au sens large. Je vis entourée d'animaux différents et les prends davantage en compte, comme des individus qui ont une conscience et des intentions. Avant, lorsque mon chien aboyait, cela m'embêtait et je voulais uniquement le faire taire. Désormais, j'essaie de comprendre ce qu'il exprime.

Les chevaux m'ont permis aussi d'être plus en contact avec mon « moi » profond, le « qui je suis » et non plus celle que je voulais être pour faire plaisir aux autres. En d'autres mots d'être plus authentique.

## Éric Ancelet

Vétérinaire diplômé de l'École de Toulouse, Éric Ancelet a consacré en 1987 sa thèse de fin d'études aux raids d'endurance équestre, afin de mieux connaître la physiologie de l'effort chez le cheval de sport. Il s'est ensuite formé aux médecines alternatives (homéopathie, phytothérapie, ostéopathie), puis à la psychothérapie, dans le but d'étudier les aspects psychologiques et symboliques de la relation homme/animal. Il est fondateur de l'association Cheval Libre.

*“Si l'animal accompagnant peut et doit jouer les rôles d'un consolateur, d'un compensateur, d'un régulateur des émotions, il faut toutefois profiter de ces dons avec conscience et respect, et non en abuser et transformer ces compagnons en poubelles émotionnelles dans lesquelles on peut déverser toutes nos souffrances au point de les rendre malades.”*

*Agnès Galletier : En tant que vétérinaire, comment voyez-vous l'évolution des rapports homme/cheval ?*

*Éric Ancelet :* Je préfère le terme de relation plutôt que rapport ! Ces relations sont complexes et caractérisées par la volonté profonde d'un rapprochement au-delà des aspects « utilitaires » comme la conquête, la guerre, le travail ou le sport. Ce n'est pas pour rien que le cheval a connu une domestication beaucoup plus tardive que les autres animaux. Établir une alliance avec le cheval fut certainement beaucoup plus exigeant pour l'humain en devenir, en comparaison des domestications précédentes avec les loups et les ruminants. Je ne suis pas le seul à le penser : les chevaux ont consenti à poursuivre leur évolution à nos côtés, contrairement à d'autres équidés comme les zèbres par exemple. Ils ont accepté la domestication, comme une trentaine d'autres espèces animales parmi les millions aujourd'hui recensées ! Pour se convaincre d'un tel consentement, il suffit d'observer les chevaux « marrons », ces domestiques retournés à la vie sauvage comme les mustangs nord-américains ou les brumbies australiens. Ces animaux redevenus libres

nous montrent à quel point les équidés sont capables de prospérer sans nous !
Nous sommes en « co-errance » avec les chevaux depuis plus de cinq mille ans. Durant cette très longue période, nos rapports ont beaucoup évolué, et aujourd'hui, j'observe qu'ils s'orientent naturellement et durablement vers une relation plus profonde, plus bouleversante car moins profane, plus sacrée qu'auparavant. Le cheval était un animal de labeur et de rente, arme et outil utilisé pour sa puissance et sa vélocité, même si cela n'empêche pas qu'il y eut souvent de l'affection sur le champ de labour ou de bataille. Aujourd'hui, il entre dans le cercle très étroit des animaux dits « de compagnie », comme le chien et le chat, pour un échange plus intime avec nous, et de ce fait un impact plus profond sur notre monde émotionnel, notre évolution personnelle vers l'intégration et la dimension spirituelle de notre identité. Il n'est plus question de prédation pour sa chair ou sa force vive, mais de ressentir le bien qu'il nous fait par sa simplicité, sa présence, son attention, son écoute, sa sensibilité, son esthétique…
L'alliance au présent demande plus de conscience, une maîtrise de nos émotions (« être maître » signifie avant tout être à l'écoute, pleinement disponible ici et maintenant), une intention juste et soutenue, une stratégie intelligente et reliée à l'essentiel, un savoir-faire au service d'un avenir entièrement différent, un nouveau paradigme basé sur l'éthique et non sur la volonté de puissance…

*Agnès Galletier : En somme, le cheval nous fait-il du bien autrement, plus intimement ?*

*Éric Ancelet :* Selon moi, le cheval nous accompagne actuellement dans une phase évolutive essentielle, vécue sur les plans individuels et collectifs, vers moins de violence (le temps du pouvoir aboli…) et plus de d'intériorisation (… commence le temps de l'éthique), moins de valeurs patriarcales et davantage de valeurs féminines comme la réceptivité, l'intuition, la compassion. Nous sommes à une période de notre évolution où nous inventons de nouveaux modes de communication et de cohabitation avec le monde, la nature en général et nos animaux domestiques en particulier. Dans l'état de dégradation de nos sociétés postmodernes, dans la dynamique évolutive des consciences individuelles, la place des chevaux va de moins en moins se trouver dans la compétition et l'exploitation sportives, et de plus en plus dans la communication subtile et l'affectif, un accompagnement qui signifie révéler l'inconscient, réorienter les trajectoires existentielles, soutenir nos changements de mentalités, de modes d'expression et d'échange avec la Vie dans l'univers. Mais cet accompagnement d'un type nouveau, a priori moins exigeant physiquement, loin de préserver l'espèce équine peut au contraire s'avérer dangereux si elle doit s'éloigner toujours plus de l'équilibre originel entre deux espèces « co-errantes », nomades humains et équins se déplaçant ensemble sur de vastes territoires pour chercher leur nourriture, comme essaient encore de le faire certains peuples éleveurs de chevaux ou de rennes. Les modes de vie moderne amènent nos compagnons sur des terrains insupportables à long terme pour eux : enfermement, sédentarité, solitude, ennui, alimentation dévitalisée, activité physique mal gérée car occasionnelle et/ou trop intense, exposition à toutes sortes de pollutions émotionnelles, électromagnétiques, chimiques, dans l'air, l'eau, les végétaux... Le cheval subit de plus en plus l'exposition aux mêmes facteurs de stress que l'humain : promiscuité, agitation incessante, bruit et éclairage continus, transports, surpopulation dans des lieux exigus... Sans parler des mutilations rituelles comme la castration, de la procréation médicalement assistée, de la médicalisation à toutes les étapes de la vie... Difficile aujourd'hui de mener une vie saine, une existence qui préserve réellement et pérennise la vitalité de l'individu et de l'espèce, ce que les animaux sauvages ont su faire grâce à leurs instincts avant la domestication. Bref, le cheval nous accompagne vaille que vaille, solidaire dans cette « co-errance » millénaire, en souffrant de maux qui évoluent avec la civilisation, aux mêmes rythmes et dans les mêmes directions que les nôtres. Je constate ainsi que les chevaux sont de plus en plus confrontés à des états dépressifs ou à des explosions de violence en réponse aux agressions subies, victimes de pathologies autrefois rarissimes dans leur espèce comme le cancer, les maladies auto-immunes et dégénératives, victimes aussi de nouveaux parasites ou de nouveaux agents infectieux au moment précis où ceux-ci font leur apparition dans notre espèce. En tant que thérapeute, mais aussi en tant qu'humain, cet accompagnement jusque dans la maladie m'interpelle énormément.

*Agnès Galletier : Quelle différence voyez-vous entre le cheval et les autres animaux domestiques ?*

*Éric Ancelet :* Tous les animaux nous font du bien, selon leur énergie, leur façon d'être au monde génère des modes relationnels différents. Il est aujourd'hui démontré que caresser un chat fait baisser le rythme cardiaque et la pression artérielle, entre autres bienfaits liés à la « félinité ». On peut ainsi améliorer et même prolonger la vie de personnes âgées, en maison de retraite ou à domicile, par la présence d'un animal de compagnie. On sait aussi que la présence d'animaux a permis de réduire de moitié la prise de médicaments antidouleur dans certains hôpitaux pour enfants, notamment dans les services de cancérologie. Les chiens sont utilisés dans la prévention des crises d'épilepsie, qu'ils pressentent avant tout signe perceptible par l'humain, et en les éduquant ils peuvent alerter leur maître de l'imminence d'une crise qui sera dès lors contrôlée par la prise d'un remède. Bref, les animaux ont un rôle apaisant, stabilisant et rassurant pour les êtres humains, malades ou non. Ils le font différemment d'une espèce à l'autre. Le chien absorbe tout l'amour, toute la souffrance, toutes les contradictions et conflits intérieurs de son maître. Il est comme une éponge émotionnelle, accueillant le positif comme le négatif et ne restituant, en général, qu'une fidélité et un amour inconditionnels pour son compagnon humain. Il en souffre toutefois, ce qui se traduit par des troubles du comportement et des somatisations (maladies du corps physique). Le chat prend ce qu'il veut, quand il le veut ! Il fait le tri dans ce qu'on lui propose. Il capte également les énergies ou émotions positives et négatives présentes dans l'environnement, mais il va les métaboliser, les transformer de façon à ce qu'elles ne puissent pas lui nuire. Il reprend son indépendance, va dormir ou faire un tour, joue tout seul, rencontre d'autres chats et ainsi peut évacuer, apaiser les tensions. Le cheval, quant à lui, capte également nos émotions positives et négatives, qu'il nous expose en les amplifiant. Il est comme un miroir grossissant de nos peurs, de nos colères, de notre tristesse… mais aussi de notre joie, de notre bien-être ! Dans cette fonction de miroir très pur et sans concession, il est certainement moins flatteur que le chien, mais sans doute plus utile à notre évolution. Il nous permet de rencontrer notre part d'ombre et nous guide vers un ajustement de nos attitudes, de nos émotions et de notre comportement. Le cheval est selon moi un outil formidable pour nous montrer le chemin vers plus de conscience et un apaisement de nos conflits internes. Là où les autres animaux se contentent d'absorber, de somatiser ou de transformer, lui nous indique par ses réponses comportementales : « Ici et maintenant tu en es là. » C'est à la fois un animal médium par sa capacité à percevoir nos états d'âme, un messager susceptible de nous révéler à nous-même, et enfin un guide pour nous accompagner dans notre guérison émotionnelle. Ce n'est pas par hasard que son rôle d'animal passeur des âmes (psychopompe) est si présent dans de nombreuses cosmologies et mythologies depuis les temps préhistoriques. Il est celui qui nous amène au pays des morts (l'inconscient), celui qui fait passerelle entre les mondes des hommes et des dieux, des vivants et des morts. Je reconnais dans ce symbolisme sa capacité à nous ouvrir à notre monde intérieur inconscient (personnel et collectif), à nos émotions enfouies, à notre part d'ombre, mais aussi à notre lumière non encore exprimée. Tout en lui nous invite sans cesse à être pleinement dans la vie, enracinés, réellement présents à qui nous sommes et à ce que nous faisons. Le cheval nous accompagne dans l'évolution de nos consciences individuelles, en fonction de là où nous en sommes, avec une patience et une compassion remarquables, mais aussi avec une grande exigence car tant que nous sommes dispersés, décentrés, il est là pour indiquer nos déficiences avec une redoutable justesse.

*Agnès Galletier: Pourquoi avoir choisi de soigner les humains en même temps que les chevaux?*

*Éric Ancelet:* Parce que derrière un cheval malade il y a toujours un humain en souffrance. Le cheval représente ici le monde naturel. J'aurais aussi bien pu dire derrière un animal malade, ou un écosystème détruit, une planète pillée... J'ai nommé *psychosomatique croisée* le processus par lequel l'animal accompagnant somatise le mal-être de son propriétaire. Dans un certain nombre de cas, il est inutile ou difficile de soigner ces chevaux, ils retombent systématiquement malades tant que leur propriétaire ne se remet pas en cause, soit dans l'usage qu'il fait de son cheval, soit dans les conditions de vie qu'il lui offre, soit directement dans sa façon d'être au monde, avec ses peurs, ses préjugés, ses besoins infantiles. Lorsque le malaise du cheval est lié à l'environnement, à l'alimentation, à l'effort physique qu'on lui demande, je peux aider le propriétaire à améliorer la situation, en lui expliquant les besoins de son animal. Mais lorsque le problème est en fait le propriétaire lui-même... La situation devient plus complexe pour un simple vétérinaire! Dans ce genre de cas, vous voyez arriver un propriétaire découragé, expliquant qu'il a déjà sollicité une demi-douzaine de vos confrères, en vain bien sûr. Vous pouvez alors raisonnablement penser que le problème réside davantage du côté humain. En faisant parler une personne de son cheval, des pathologies développées, des organes atteints, je tente des parallèles avec le vécu de l'humain accompagnant, avec des événements qui se seraient déroulés dans sa vie en même temps ou juste avant que son animal ne tombe malade. C'est incroyable le nombre de disputes, de divorces, de licenciements, de deuils, et autres sources de fortes contrariétés et d'émotions telles que la colère, l'humiliation ou la peur, qui correspondent à l'apparition d'une maladie animale. Les personnes finissent rapidement par se souvenir qu'elles arrivaient effectivement aux écuries dans un état de profond mal-être, en constante surtension ou déprimées car chargées d'une problématique alors insoluble. En les faisant parler de ce qu'elles éprouvaient et souvent éprouvent encore, on découvre, ensemble, les liens avec les troubles du cheval. Si le cheval a des problèmes de rein, le propriétaire vit souvent dans la peur, l'insécurité, l'angoisse du lendemain. S'il y a dysfonctionnement du foie, je suggère qu'il y a peut-être une rancœur ou une colère non exprimée chez l'humain le plus proche. En fonction des organes atteints chez le cheval, je peux ainsi tenter un lien avec des difficultés existentielles, des perturbations émotionnelles, soit chez le cheval lui-même, soit chez son propriétaire. Le fait de prendre conscience de nos tensions, de les verbaliser, de les assumer, de chercher de vraies solutions, peut résoudre beaucoup de problèmes car l'animal accompagnant perçoit que son message a été reçu et se trouve libéré d'un conflit qu'il supporte mais qui ne le concerne pas. Donc, lorsqu'il s'agit réellement d'un problème de psychosomatique croisée, le résultat se fait rarement attendre, la personne se dévoile, témoigne de son problème personnel, et cela optimise considérablement le traitement mis en place pour soigner et guérir l'animal.

*Agnès Galletier: En quoi cette verbalisation peut-elle soulager le cheval?*

*Éric Ancelet:* Lors de la verbalisation, si l'animal est à côté de l'humain concerné, il va percevoir le changement d'humeur, une détente liée à la conscience et à l'expression du problème, ce qui le détend lui-même instantanément. Il participe à sa façon en se décontractant à son tour, en toussant, en bâillant, en mâchonnant, en s'éloignant ou en se rapprochant, selon ce qui est verbalisé par la personne avec laquelle il est en empathie. Bref, il participe activement à la séance, il « entend » exprimer par son propriétaire ce qu'il ressent dans son corps de cheval et qui provoque chez lui un stress, progressivement transformé en maladie. Je pense qu'il perçoit à sa façon, du fait de ses qualités médiumniques, que l'humain prend conscience, identifie le malaise et du coup que ce dernier peut prendre du recul, relâcher cette tension qui pèse sur les deux êtres en empathie. Comme je l'ai déjà évoqué, le cheval montre souvent des signes de décontraction, de relâchement au moment même où l'humain parvient à mettre en mots, à toucher du doigt le problème et du coup à libérer la tension. Ce bénéfice-là est immédiat, instantané, pour les deux. Mais il y a d'autres bénéfices pour le cheval, à plus long terme. Le propriétaire s'aperçoit, par le fait que je peux « lire » son problème grâce à la médiation du cheval, qu'il fait porter un lourd fardeau à son compagnon (souvent à tous ses proches, particulièrement les enfants et les animaux). Une double prise de conscience peut alors s'opérer. D'abord, il se dit « attention à ce que j'amène de l'extérieur aux écuries, auprès de mon cheval », comme les colères, les frustrations ou les angoisses qui immanquablement perturbent la relation. Ne suis-je pas en train de le prendre pour un bouc émissaire, de trouver sur son dos un exutoire lorsque je fais éclater ma colère contre lui alors qu'il a commis une petite faute ou ne fait pas exactement ce que je veux, comme je le veux ? L'autre prise de conscience engendre une reconnaissance, de la gratitude. Mon cheval (mon chien, mon chat...) perçoit et supporte aussi mon souci, il le prend sur lui, en lui, il m'accompagne en silence dans mes épreuves. Et il peut parfois le payer très cher, tant psychiquement que physiquement. Après ce type de séance, le regard sur le cheval, et sur la relation entre deux êtres vivants affectivement connectés, ne sera plus jamais le même. Cette forme de psychothérapie assistée par l'animal me permet de soulager l'humain tout en soignant le cheval durablement, ce qui est, je l'avoue, mon but premier, car je reste avant tout vétérinaire ! Je cherche à libérer les animaux en faisant en sorte que l'humain qui vit à leurs côtés récupère à son compte son conflit intérieur, son complexe et qu'il prenne ses responsabilités vis-à-vis de lui-même comme de son compagnon. Si l'animal accompagnant peut et doit jouer les rôles d'un consolateur, d'un compensateur, d'un régulateur des émotions, il faut toutefois profiter de

ces dons avec conscience et respect, et non en abuser et transformer ces compagnons en poubelles émotionnelles dans lesquelles on peut déverser toutes nos souffrances au point de les rendre malades. Je pense que nous avons les animaux que nous méritons. S'ils sont perturbés nerveusement, malades physiquement, incohérents dans leurs comportements, c'est de notre fait. D'ailleurs ce sont toujours les mêmes personnes, dans les mêmes environnements très détériorés, qui ont des animaux très perturbés, toujours malades, même si bien sûr chaque animal a un terrain biologique plus ou moins fragile.
Dès lors, lorsque nos chevaux manifestent un déséquilibre, nous devons dans un premier temps nous demander si nous ne sommes pas au cœur de ce dysfonctionnement. Ce n'est pas toujours le cas, bien sûr, mais la question vaut la peine d'être posée, en toute sincérité et lucidité.

*Agnès Galletier : Les chevaux sont-ils souvent « malades » des humains ?*

*Éric Ancelet :* Oui, ils le sont souvent, voire toujours, mais attention, ce qui est lié directement à l'humain accompagnant n'est qu'un parmi de nombreux autres facteurs, humains également mais plus collectifs qu'individuels. Beaucoup de dysfonctionnements sont généralisés, des maladies de la société industrialisée, des maladies de civilisation. La majorité des chevaux malades le sont principalement du fait de leur mode de vie non adapté à l'espèce, comme la sédentarité, la claustration en box, l'alimentation industrielle, etc. C'est donc indirectement du fait de l'humain puisque c'est lui qui a créé ces environnements délétères et qui impose un mode de vie médiocre à ses compagnons. Le malaise provient très souvent de l'alimentation parce qu'il faut manger tous les jours et que nous gérons leur équilibre alimentaire à leur place, sans leur permettre de trouver ce dont ils ont réellement besoin, quand ils en ont besoin, comme ils le feraient dans la nature. Les pâtures, pour les chevaux qui ont la chance d'y aller, sont beaucoup moins variées en nombre d'espèces végétales, mais aussi trop riches comparées aux immenses étendues semi-arides, les steppes, qui ont forgé la morphologie et le métabolisme du cheval. Cette « richesse » concerne l'abondance, la disponibilité une bonne partie de l'année, avec un excès d'azote soluble, mais cache en réalité une pauvreté, une raréfaction dramatique des oligo-éléments nécessaires au fonctionnement cellulaire. Toutefois, le pire provient de l'utilisation abusive des aliments concentrés industriels, soi-disant « complets », en fait trop riches en dérivés du blé et en matières azotées difficiles à métaboliser, avec une intoxication et un surmenage chronique du foie et des reins. Les céréales en trop grande quantité sont aussi difficiles à assimiler car les enzymes digestives pouvant les transformer (notamment l'amylase) ne sont produites qu'en faible quantité par le cheval. De plus cette alimentation est souvent dévitalisée, comme celle consommée par la majorité des humains « civilisés », dépourvue d'éléments qualitatifs comme les oligo-éléments, les vitamines, les acides gras et les acides aminés essentiels, mais chargée de nombreuses substances toxiques accumulées au cours de la chaîne de production tels les engrais et pesticides. Les problèmes de fourbure, de dermite, d'infertilité, les dysfonctionnements digestifs et respiratoires, les fragilités parasitaires, sont les signes et symptômes d'une alimentation et d'un mode de vie inadaptés. Ajoutez le fait que l'organisme est trop souvent exposé à des agressions médicales banalisées, intoxiqué avec des molécules de synthèses très toxiques, comme les anti-inflammatoires, les antibiotiques, les vaccins, les vermifuges, vous comprendrez que les déchets métaboliques et les toxines soient contraints d'emprunter des voies secondaires pour être évacuées, comme la peau, les articulations, les muqueuses respiratoires, génitales, urinaires…

Le cheval est donc en effet « malade de l'humain », du simple fait que cet humain n'a pas conscience de l'inadéquation de l'environnement et de l'alimentation profondément dénaturés, dégradés, qu'il propose à son cheval. Il subit lui-même au quotidien toutes ces agressions et ne réalise pas toujours à quel point son propre corps et son psychisme en souffrent. Là encore le cheval exprime en miroir, avec un effet grossissant, ce qui se produit chez l'homme.

Par ailleurs, comme évoqué ci-dessus, le cheval peut être malade du fait que l'humain lui fait subir très directement ses névroses. Un cheval peut être « harcelé » et littéralement imprégné par les conflits, les tensions et l'anxiété de son propriétaire ou d'un cavalier qui le brusque, le monte dans la raideur et la contrainte, le punit, ne sait pas modérer ses exigences, ne lui laisse pas la possibilité de s'exprimer, tout simplement parce qu'en dehors de ses séances de travail l'animal reste cloîtré au box. Il attend pendant des heures qu'un humain apparaisse de façon à pouvoir sortir, se mouvoir, se défouler physiquement, et en même temps, ce rendez-vous est synonyme de douleur physique et de surtension émotionnelle. Ajoutez ces facteurs psychiques à tous les autres liés à l'environnement global du cheval « moderne » et vous percevrez que cet état de fait ouvre grand la porte à des pathologies de plus en plus nombreuses, fréquentes et graves. Les tensions de l'humain se transmettent par ses comportements de prédateur lorsqu'il est en colère ou déprimé, par le non-respect des besoins élémentaires de ses compagnons, les abus de pouvoir et les attitudes perverses de contrôle des instincts, mais aussi tout simplement par ce qu'il « dégage » lorsqu'il est envahi par de multiples émotions contradictoires. Les animaux sont hypersensibles à nos états d'âme, et d'autant plus s'ils ne peuvent ni fuir ni lutter. Tout ceci perturbe le cheval, épuise ses capacités de résistance au stress, qu'il soit monté ou non. Lorsque de plus nous montons sur son dos, nous nous asseyons sur le méridien de la vessie et sur le grand méridien Yang qui va du palais, dans la bouche, jusqu'au périnée en longeant le dos, et chaque point de cette ligne énergétique est en lien direct avec l'un des organes vitaux profonds. Le cavalier comprime ces points sensibles, et enchâsse son propre corps énergétique, souvent perturbé, sur cette ligne vitale. Selon notre attitude et notre intention, l'équilibre ou le dysfonctionnement de notre monde émotionnel et de nos organes, nous pouvons dès lors générer harmonie ou maladie dans les corps énergétique et physique du cheval.

*Agnès Galletier: Que nous dit alors le cheval par la maladie?*

*Éric Ancelet:* Chez l'animal comme chez l'humain, la maladie est l'émergence d'un signal d'alarme, le signe d'un équilibre rompu, mais aussi un processus de guérison en cours. Elle a toujours du sens (direction, signification...), et je cherche à comprendre ce qu'elle indique, quel équilibre est remis en question, quel est à cet instant le besoin adaptatif, évolutif, et pourquoi l'individu concerné a du mal à y répondre. En Occident, la médecine conventionnelle cherche surtout à faire taire ce signal d'alarme, souvent sans se préoccuper des causes, car la maladie est considérée comme une agression pure et simple, dénuée de sens, une situation à combattre, à éradiquer. On « tombe » malade, on « attrape » un microbe, un virus ou un cancer. Le désordre est lié soit à une cause extérieure qui vient perturber l'ordre intérieur, ou bien à une déficience profonde de nature génétique, mais dans un cas comme dans l'autre le sens nous échappe, et corrélativement la responsabilité et la possibilité d'évoluer malgré la maladie, ou plutôt grâce à elle. Or, en médecine énergétique ou holistique, la maladie est la traduction d'un conflit entre les mondes extérieur et intérieur, elle se développe en nous parce que notre état psychologique, émotionnel, énergétique permet son émergence en réponse à une difficulté existentielle. Il y a un message : nous avons perdu la juste attitude, nous ne sommes plus en harmonie. Nous ne sommes plus au bon endroit au bon moment. Nos relations et nos activités ne sont plus enrichissantes. La maladie se présente alors comme un signe de cette dysharmonie, bien plus, elle est le processus même par lequel nous pouvons franchir le cap existentiel difficile et trouver au-delà un nouvel équilibre. Dans ce sens la maladie est initiatique.

*Agnès Galletier: Quelles sont les causes de maladies les plus fréquentes?*

*Éric Ancelet:* Chez le cheval, comme chez l'humain, les causes de pathologie sont l'inadéquation des conditions de vie avec les besoins psychiques et physiologiques. Depuis des millions d'années, les chevaux sont faits pour vivre en vastes troupeaux et parcourir interminablement de grands espaces. Ils sont faits pour ingérer une végétation grossière, fibreuse, environ douze à quatorze heures par jour. Ce sont des marcheurs et des mangeurs infatigables. La domestication et la sélection n'y ont rien changé. L'immobilité, la solitude et les aliments trop riches constituent des facteurs de stress majeurs qui les mettent en difficulté, jusqu'à la rupture d'équilibre et la maladie. Dans ces conditions, le stress de l'effort peut très vite épuiser leur énergie vitale, leurs ressources adaptatives. L'usage excessif de vaccins, de molécules issues de la chimie de synthèse, les empoisonne et perturbe très gravement les flores avec lesquelles ils vivent une remarquable symbiose. Les maladies infectieuses ou parasitaires, ainsi que toutes les maladies dégénératives, ne sont que les conséquences de cet état de fait.

Prenons l'exemple d'un cheval qui tousse. Avant tout il faut s'interroger sur la santé des flores cellulolytiques qui peuplent caecum et gros intestin, car celui-ci est en lien énergétique avec le poumon. Une ration correcte est constituée essentiellement de fibres, avec très peu de céréales, et surtout aucun aliment industriel. Si c'est le cas (rarement), j'oriente mes questions vers le domaine de l'éthologie. Le cheval vit-il dehors ou en box? Seul ou avec d'autres chevaux ? Le stress de la solitude et de la claustration peut altérer gravement la physiologie digestive, avec apparition de symptômes au niveau de l'appareil respiratoire. Ensuite, quel type de « soins » reçoit-il ? Les vermifuges et les vaccins ont aussi des effets néfastes sur les fonctions digestives et respiratoires. Si tout me semble correct dans ces domaines (très rarement !), j'interroge alors le propriétaire sur ce qui a pu fragiliser son cheval, d'éventuelles sources de contrariété, la tristesse ou la peur, un événement inhabituel et déstabilisant comme la disparition d'un compagnon de pré. Si aucun indice ne vient de là non plus, c'est alors que je tourne mon investigation sur le mal-être possible du propriétaire. L'appareil respiratoire peut réagir à certaines contrariétés très précises, comme les conflits de territoire (avoir ou non le droit de « broncher » !). Le poumon est en lien avec le deuil, la confrontation avec la mort. Je m'enquiers de savoir s'il y a eu un deuil dans la famille ou un cas de maladie mortelle. Et là, il est possible d'entendre : « Je suis moi-même atteint d'un asthme sévère depuis de nombreuses années » ou « Oui, je suis en train de perdre tel ou tel proche d'un cancer ». Mais bien sûr il faut être très prudent, passer en revue toutes les causes possibles avant d'établir un lien entre la maladie animale et la situation affective de son propriétaire. Si ce lien existe, il faut qu'il y ait une relation très proche, très fusionnelle, pour que l'animal souffre et somatise les problèmes de l'humain. Cette implication affective, cette résonance émotionnelle est présente chez la plupart de nos animaux de compagnie, car il s'agit pour la plupart d'espèces sociales, programmées pour vivre ensemble et interagir profondément avec les individus du groupe. Ils reproduisent donc des attitudes, jouent des rôles, nouent des liens et créent des dépendances entre eux et nous. D'autant plus que le processus de domestication induit une « infantilisation » des animaux impliqués, une forte dépendance confirmée par des milliers de générations de soumission à l'espèce dominante.

Même s'il n'existe pas trop d'implication émotionnelle entre l'humain et l'animal, même s'il n'existe pas de forte dépendance physiologique et psychologique, le cheval perçoit néanmoins nos émotions négatives et nos contrariétés, mais il parvient à les évacuer quasi instantanément, sans en souffrir. Celui qui est « attaché » à nous, plus impliqué dans nos tensions, mais peut ensuite métaboliser cette surcharge émotionnelle dans sa vie quotidienne, en piquant un galop, en se roulant, en pratiquant le massage énergétique avec ses congénères, parvient à gérer harmonieusement la situation. En revanche, s'il ne peut pas évacuer la surcharge émotionnelle et nerveuse induite par son cavalier, la maladie sera une conséquence possible, et même inévitable, d'autant que cette surcharge survient chez un individu déjà affaibli par toutes les agressions et carences liées à l'environnement actuel de nos chevaux de loisir et de sport. Ce que j'appelle des conditions « inéquines » de vie. Un cheval disposant des conditions de vie propres à son espèce, c'est-à-dire de l'espace pour marcher avec des congénères, de l'herbe à mastiquer, a peu de maladies, et celles-ci sont beaucoup plus bénignes, plus faciles à interpréter car les causes ne sont pas multiples. Si le cheval a des conditions de vie « inéquines », je demande tout d'abord à ce qu'il puisse vivre une réelle vie de cheval (mesures éthologiques et diététiques) avant d'entreprendre un traitement médical, et souvent le problème disparaît tout simplement parce que l'organisme peut de nouveau faire son travail et le système nerveux se rééquilibrer.

*Agnès Galletier : Comment parvenir à un équilibre entre les bienfaits pour le cheval et pour nous ?*

*Éric Ancelet :* Je dis toujours qu'un cheval ne peut pas nous faire du bien s'il va mal. Alors nous avons tout intérêt à avoir des compagnons pleins de vitalité qui pourront absorber « sainement » notre mal-être et nous aider à en sortir !

Pour que le cheval ou le chien assume ses fonctions auprès de l'humain il faut lui donner des conditions de vie optimales, sans pour autant viser la perfection. J'entends par optimales en accord avec l'éthogramme et la physiologie digestive de l'espèce. Il ne s'agit pas de se culpabiliser au point de cesser complètement d'utiliser le cheval, d'arrêter de le monter, de le transporter, de le faire concourir, pour le laisser au fond d'un pré avec ses congénères en se contentant de le regarder. Il faut juste prendre conscience du stress et de la fatigue chroniques engendrés par nos sollicitations ou par les conditions de vie « inéquines », afin de les estimer raisonnablement et d'en minimiser l'incidence et les conséquences. Il faut admettre qu'un animal sain est capable de s'adapter, de récupérer, de guérir spontanément par ses propres forces, de façon naturelle, et lui donner toutes les chances d'y parvenir. Et ce n'est absolument pas dans l'immobilité, confiné dans un box, qu'il y parviendra, mais au contraire dans le mouvement libre, par le simple fait de brouter, de mâcher de la fibre, de se masser lui-même en se roulant, ou avec l'aide de compagnons lors de séances de grattage et de morsures sur les points d'acupuncture. Si le cheval peut harmoniser naturellement sa relation au monde environnant, il pourra aussi absorber et métaboliser de nombreuses sollicitations résultant de sa relation à l'humain, sans dommages pour lui. Si vous conscientisez vos propres problèmes et que vous permettez au cheval de vivre suffisamment sa vie pour gérer les siens, la relation pourra être optimale. Dans cet équilibre le cheval devient un partenaire sain pour nos activités équestres, mais aussi un étonnant révélateur de nos états d'âme et de nos émotions. Il nous aide alors à cheminer dans la recherche de notre propre équilibre, en nous indiquant si nous sommes dans la juste attitude ou non. Plus vous permettez à votre cheval d'être à sa place, plus il pourra vous aider à trouver la vôtre !

*Agnès Galletier : Comment voyez-vous le rôle du cheval auprès des hommes ?*

*Éric Ancelet :* Depuis la domestication, ses rôles ont été multiples. Il a eu très longtemps une place essentielle, monté ou attelé, dans les travaux quotidiens et les conflits, une fonction aussi dans l'affirmation du statut social en conférant noblesse et autorité, force et rapidité au chevalier. Aujourd'hui encore, beaucoup l'utilisent pour se rassurer et acquérir une certaine prestance. Beaucoup de personnes projettent sur leur chien ou leur cheval leurs désirs, leurs frustrations, l'image qu'elles ont ou voudraient avoir d'elles-mêmes. La valeur attribuée à un animal, du fait de sa beauté, de ses performances sportives ou de sa lignée prestigieuse, peut permettre de compenser un manque d'estime de soi, un complexe d'infériorité.

Sa puissance est rassurante pour certains, effrayante pour d'autres, mais je crois que pour tous, le cheval renvoie à notre animalité, à nos instincts fondamentaux. Dans une période où la société est en grand bouleversement, confrontée à des perturbations profondes des valeurs traditionnelles, le rapport au cheval nous enracine, nous montre une voie d'équilibre et de justesse dans l'attitude et l'intention. Le cheval nous invite à une présence authentique ici et maintenant, à l'exercice de la patience, de l'humilité. Humilité parce qu'on ne peut pas le duper. S'il est sain, sa réaction immédiate est toujours parfaitement ajustée à la situation. On pensait être bien, faire ce qu'il faut face à lui, et il nous dit : « Non, tu n'y es pas exactement, pas encore. »

Le cheval n'est pas le seul à faire cela, mais il propose, à sa façon, un chemin pour parvenir à nous équilibrer dans notre vie, à être vraiment nous-même, en harmonie avec ce qui nous entoure. Ce qui est très difficile à atteindre ! Mais je pense qu'il est là pour nous y aider, et qu'il y consent volontiers. Il y a consentement mutuel entre un humain et un cheval, il y a une rencontre, une relation, comme entre deux personnes. Les deux parties du « couple » doivent accepter l'autre dans son incomplétude, dans ses différences, dans ses qualités comme dans ses névroses, parce que celles-ci justement se complètent et nous font avancer grâce à la confrontation.

Aussi, je ne dis pas qu'un cheval est victime de son partenaire humain, je dis juste qu'il faut que ce dernier prenne conscience de l'échange qui lui est proposé pour que cette relation devienne réellement enrichissante pour les deux parties et le monde alentour. Dans cette relation, chacun doit pouvoir s'épanouir dans ce qu'il est profondément, dans son être essentiel. Vivre en harmonie avec son cheval ne signifie pas vivre une relation fusionnelle, ressentir les mêmes choses et passer tout son temps ensemble. Le cheval a son rôle, particulier, ponctuel au plus près de l'humain, au gré de leurs rendez-vous, de leurs échanges quotidiens sur les plans physique, émotionnel, psychique et spirituel. Mais je pense qu'il a aussi, comme tous les animaux, un rôle comme intermédiaire entre le monde humain civilisé et le monde sauvage, le monde de l'instinct. Là encore il est un passeur, un pont entre deux univers complémentaires, une interface entre raison et animalité. De plus, comme tous les autres animaux qui vivent en harmonie dans un lieu, il participe à le poser, à lui donner une vie, une force, un ancrage, qu'il n'aurait pas sans eux. Il suffit de constater la sérénité que peuvent apporter des chevaux dans un pré, autour d'une maison, pour s'en convaincre. Et cette harmonie-là, cet équilibre, cet enracinement ne passent pas seulement par un échange direct avec l'animal, mais par la participation à une même présence pleine dans l'espace et dans l'instant, ainsi qu'à un devenir relié à tout ce qui vit. C'est une cohabitation planétaire, une résonance pleine de sens pour toutes les espèces en « co-errance ».

*Agnès Galletier : Et pour vous, quel rôle le cheval a-t-il eu ?*

*Éric Ancelet:* Le cheval m'a permis d'accomplir ma vocation depuis vingt-cinq ans. Tous les animaux auprès de l'homme m'ont émerveillé par leur bienveillance, leur empathie, leur compassion, leur capacité à aimer de façon inconditionnelle. Ils sont une image multiple de cet instinct en nous, toujours au service de la vie, quand notre raison est trop souvent au service de la haine et de la mort. Parmi ces accompagnants sublimes le cheval est à n'en pas douter un seigneur. Son exemple m'a permis de saisir toute la profondeur de la « co-errance » entre espèces, la nécessité impérative de vivre reliés dans notre effort commun pour donner du sens, une direction, une signification, à notre devenir commun. Le cheval m'a permis de prendre ma place dans ce devenir partagé, et d'instruire ceux qui m'ont écouté d'une sagesse immémoriale, celle de l'instinct.

## Marc-André Wagner

Historien et cavalier, Marc-André Wagner a partagé sa carrière entre la diplomatie et les affaires culturelles. Après une enfance dans un petit village d'Alsace, où les chevaux de trait étaient encore bien présents, une adolescence à Strasbourg et des études supérieures à Paris (Sciences-Po puis l'ENA), il découvre les disciplines équestres à l'École militaire. C'est lors de ses séjours à l'étranger, en Inde d'abord puis en Pologne, que l'univers du cheval devient chez lui une passion : comme activité sportive et comme école du caractère, mais aussi comme objet d'études historiques et anthropologiques, aboutissant à une thèse de doctorat soutenue à la Sorbonne en 2003, sur la présence du cheval dans les croyances germaniques.

*“L'animal est alternativement un attribut, un messager, voire la forme de la puissance divine, mais il reflète toujours une relation d'échange entre les hommes et les dieux.”*

*Agnès Galletier: D'où vient la place si particulière du cheval dans nos mythologies et dans l'imaginaire des hommes d'aujourd'hui?*

*Marc-André Wagner:* La présence chatoyante du cheval dans notre imaginaire renvoie à des représentations religieuses dont les racines sont antérieures à la christianisation. Dans les paganismes de l'Eurasie, le cheval apparaît selon le cas tantôt comme un instrument de communication de l'homme avec la divinité, tantôt comme une émanation de la divinité elle-même, tel Poséidon qui avant de devenir un dieu marin, était un dieu chthonien (lié à la Terre), prenant fréquemment la forme d'un cheval.

Dans ses tentatives pour entrer en contact avec les forces qui orientent le cours de sa vie (puissances, êtres de l'Au-delà et divinités), l'homme a fréquemment eu recours au cheval, en attribuant à cet animal des vertus particulières. Selon un brahmana (commentaire du *Rig Veda*), « les hommes ne connaissent pas le chemin vers le monde des cieux, mais le cheval le connaît. C'est pourquoi il les emmène vers les cieux ».

Pour entrer en contact avec les forces de l'Au-delà, l'homme doit « sortir de lui-même », dans une sorte d'extase. Chez les peuples d'éleveurs d'Asie centrale, l'un des berceaux du chamanisme, le cheval est – à côté du renne et de différents oiseaux – un intermédiaire entre le chaman et les forces du ciel ou du monde souterrain. Dans son ouvrage classique *Le Chamanisme*, Mircea Eliade écrit que « le "cheval" permet aux chamans de s'envoler dans les airs, d'atteindre le ciel. [...] Il réalise la "rupture de niveau", le passage de ce monde-ci dans les autres mondes ». Le cheval dont il est ici question n'est pas un animal réel mais une monture symbolique conjurée dans la transe : le chaman chevauche en esprit un cheval au cours de son périlleux voyage. C'est ainsi que les chamans appellent « cheval » le bâton à tête de cheval utilisé dans leurs danses extatiques, ou encore le tambour tendu de peau de cheval qui rythme leur danse. De même qu'il imitera le chant des oiseaux, le chaman imitera le hennissement de sa monture au cours de son voyage vers le monde des esprits.

C'est parce que son galop et sa rapidité sont une image du vol que le cheval, comme d'autres animaux conducteurs des âmes (psychopompes), intervient symboliquement dans ces rituels.

Des « transes équestres » sont également attestées dans les pratiques des magiciens de l'Europe ancienne : diverses formules de conjuration d'un cheval magique datant de la fin du Moyen-Âge sont parvenues jusqu'à nous. Ces formules, qui mêlent des mots secrets, l'invocation de la Trinité et le sang de chauves-souris, étaient censées susciter l'apparition d'un cheval surnaturel permettant de franchir les limites du monde visible pour entrer en communication avec l'Autre Monde.

*Agnès Galletier : Il s'agit donc d'un cheval symbolique. Mais le cheval réel a-t-il sa place dans les rituels ?*

*Marc-André Wagner :* Oui, le cheval réel, signe traditionnel de puissance et de majesté, est également convoqué pour rendre hommage aux divinités, dans de véritables liturgies équestres. Diverses religions connaissent des processions équestres solennelles, attelées ou montées, organisées en hommage aux dieux. Elles sont attestées non seulement dans l'Inde védique et dans l'Iran zoroastrien (en rapport avec des rites sacrificiels), mais aussi dans le paganisme germanique et celtique. Mais plus encore que la procession, la course de chars ou de chevaux montés a constitué une forme de culte. Les courses romaines avaient dès l'origine une telle dimension. Les premières, appelées *equirria*, se déroulaient au printemps et en plein air, en hommage à l'ancien dieu italiote Mars, incarnation de l'énergie guerrière certes, mais aussi de la force virile et de l'activité productrice de la nature. Sous l'Empire, les courses les plus importantes étaient celles du cirque. Ces courses de chars étaient conçues comme un culte solaire. En effet, tandis que l'architecture même du cirque représentait l'espace, avec la mer (symbolisée par un canal circulaire) et le ciel (deux obélisques dédiés au Soleil et à la Lune), la cérémonie se voulait un miroir du temps divisé en heures du jour et de la nuit (avec vingt-quatre courses éliminatoires), des jours de la semaine (la grande course devait faire sept fois le tour du cirque), et des saisons (avec quatre factions en présence). En « imitant » les différentes révolutions du cosmos, l'ensemble de la cérémonie constituait un hommage au

Soleil divinisé et à son rôle de garant de l'ordre du monde.
Le cheval est certainement l'animal que l'homme a le plus associé, directement ou indirectement, à la course des astres et plus largement aux forces cosmiques. Il est étonnant qu'à l'exception du Sagittaire, cette figure de centaure archer dérivée de l'équidé, le cheval ne figure pas parmi les signes du zodiaque. De nombreuses constellations portent cependant des noms équestres, comme le cocher (Auriga), le centaure (Centaurus), le petit cheval (Equuleus), Pégase (Pegasus) tandis que les Gémeaux (Gemini) renvoient aux cavaliers Castor et Pollux. Parmi les connexions astrales du cheval, la relation avec le Soleil est particulièrement étroite et fréquente. Le cheval est façonné de la substance du Soleil selon le *Rig Veda*, et c'est sans doute une des raisons du sacrifice de cet animal à des divinités solaires chez de nombreux peuples, indo-iraniens ou scythes.

*Agnès Galletier : Pourquoi le cheval est-il parfois sacrifié ?*

*Marc-André Wagner :* De nombreux peuples de l'Antiquité ont offert des chevaux en sacrifice à leurs dieux. Mais ces sacrifices, largement attestés, sont difficiles à interpréter dans la mesure où les témoignages qui s'y rapportent sont le plus souvent lacunaires. Dans ces conditions, la fonction de ces sacrifices reste largement hypothétique. Un grand nombre de ces rites semble viser la prospérité, le renouvellement de la vie, dans un sens immédiat (la bonne rentrée des récoltes, l'accroissement des troupeaux) ou plus métaphorique (la prospérité globale de la tribu). Il s'agit généralement dans ce cas de rites comportant la consommation de la chair du cheval sacrifié. Les sacrifices de chevaux des peuples de la steppe avaient certainement d'abord pour but de (re)donner des forces aux divinités et puissances de la fécondité, comme il ressort singulièrement des témoignages sur les Scythes, les Sarmates et les peuples turco-mongols. C'est également une dimension majeure du sacrifice du cheval chez les Germains.

D'autres sacrifices ont un caractère guerrier prédominant. Le cheval était parfois sacrifié avant la bataille à une divinité guerrière pour se la rendre favorable. Il était également sacrifié après la bataille en remerciement pour la victoire accordée ; c'étaient alors les chevaux des ennemis qui étaient immolés, comme les chevaux des Romains défaits par les Cimbres et les Teutons en 105 av. J.-C. Dans la Rome antique, le sacrifice du cheval, très rare, se déroulait à l'automne (d'où le nom d'*October equus*) en l'honneur du dieu de la guerre Mars et marquait la fin de la saison guerrière. Une caractéristique quasi constante des sacrifices guerriers du cheval est qu'ils ne comportent pas de banquet : la chair des chevaux n'est pas consommée, l'animal est offert en totalité aux divinités guerrières.

Un dernier ensemble de rites concerne la souveraineté, qu'il s'agisse du maintien de l'ordre du cosmos, de l'affirmation de l'autorité royale ou du respect de la loi. Les sacrifices du cheval au Soleil, attestés notamment chez les Perses, les Rhodiens, les Spartiates et les Massagètes, semblent vouloir alimenter la révolution des astres et le cycle des saisons. Lorsque l'ordonnateur, voire l'officiant du rite est un prince ou un roi, le sacrifice du cheval peut constituer un rite d'accession à la dignité royale, ainsi dans l'Irlande celtique archaïque, ou encore un rite de confirmation de l'autorité royale, ainsi dans l'Inde védique où cette cérémonie particulièrement grandiose porte le nom d'« *aśvamedh* ». Dans la Scandinavie médiévale, le sacrifice annuel d'un cheval par le roi constituait un rite indispensable pour garantir à la fois la légitimité du monarque et la prospérité future du pays.

*Agnès Galletier: Le cheval ou son symbolisme nous permettent donc d'interpeller les divinités, l'animal servant d'intercesseur?*

*Marc-André Wagner:* L'homme s'adresse effectivement aux puissances, interpelle les dieux, « au moyen » du cheval, que celui-ci lui serve de monture symbolique pour les atteindre, de victime sacrificielle pour se les propitier ou plus largement d'animal liturgique dans les cérémonies cultuelles. Mais la divinité s'adresse également à l'homme à travers le cheval. L'animal est alors alternativement un attribut, un messager, voire la forme de la puissance divine; dans tous les cas il reflète toujours une relation d'échange entre les hommes et les dieux.

Un grand nombre de dieux ont le cheval pour attribut, au double sens de ce terme: le cheval leur appartient et il est leur signe. Mais le fait que les dieux soient représentés avec des chevaux peut recouvrir des associations plus ou moins étroites. Ainsi, si la plupart des dieux de l'Olympe grec peuvent être représentés comme des conducteurs de chars, en raison de leur souveraineté, seuls quelques-uns d'entre eux ont un rapport étroit avec le cheval: essentiellement Poséidon, Hadès,

Apollon-Phébus et Athéna. Bien d'autres religions associent étroitement certains de leurs dieux à des chevaux, depuis des dieux majeurs, comme les *Aśvin*, « fils du Ciel » et « sauveurs », qui sont les divinités les plus fréquemment invoquées dans le *Rig Veda*, jusqu'à des divinités moins connues, comme le dieu gaulois Rudiobos ou la déesse gauloise Epona.

Des chevaux ou un cheval particulier sont parfois consacrés à une divinité, dont ces animaux deviennent alors les confidents, les messagers ou les oracles. Ainsi, au deuxième millénaire avant notre ère, les Hittites entretenaient un cheval sacré, Erama, dans le temple de leur déesse Maliya, une divinité du vin et des céréales. Représentant de la déesse, il recevait des mains du roi l'offrande d'une corbeille d'orge, préalablement consacrée par des libations.

Tacite rapporte au début de notre ère que les Germains entretenaient des chevaux comme confidents des dieux, dans des bocages où ils étaient dispensés de tous travaux ordinaires : les rois comme les prêtres estimaient que les dieux s'exprimaient à travers les hennissements et les ébrouements de ces chevaux sacrés[1].

Au XIIe siècle de notre ère enfin, Saxo Grammaticus a décrit dans sa *Geste des Danois* le culte étrange du dieu Svantovit des Rugiens, une tribu slave. Ce dieu était interrogé sur les projets d'expédition guerrière par l'intermédiaire d'un cheval sacré blanc, à qui l'on faisait franchir des obstacles constitués de lances croisées. Le sort des projets dépendait du déroulement des sauts, interprété scrupuleusement.

---

1. *Le cheval dans les croyances germaniques*, « La Germanie », chap. X.

De nombreux témoignages montrent la persistance de cette croyance aux facultés oraculaires et prophétiques du cheval, bien au-delà de la fin du Moyen-Âge.

*Agnès Galletier : Le cheval peut faire communiquer avec l'Autre Monde, mais permet-il d'y accéder ?*

*Marc-André Wagner :* Le cheval a effectivement le statut d'un animal psychopompe, véritable guide de l'âme vers l'Au-delà. Son image ou sa vision en songe avertissent fréquemment d'une mort prochaine : c'est par son cheval doué de parole qu'Achille apprend sa mort dans l'*Iliade*. Cet ensemble de représentations fait du cheval un véritable idéogramme de la mort, sur les stèles grecques comme sur les pierres de la Scandinavie païenne.

Une pierre tombale de la fin du VIIe siècle de notre ère, découverte sur une colline d'un fjord de Norvège, près de la ferme d'Eggja, associe une inscription runique et la gravure d'un cheval. Les runes désignent le séjour de la mort comme le « pays des chevaux » (*land gotna*), périphrase qui évite de nommer cette puissance funeste. L'inscription visait à défendre le tertre funéraire par une formule magique : le voyageur qui découvrait la tombe était invité à respecter les lieux et à passer son chemin. Sur la stèle tombale de Tjängvide (VIIIe siècle), dans l'île de Gotland en Suède, le cheval octopode Sleipnir, envoyé par Odin, est chargé de conduire son cavalier, le défunt guerrier, vers le Valhalla, où l'attend une valkyrie qui lui tend une coupe d'hydromel. De nombreuses pierres de cette île comportent une scène similaire, mais elles mettent en scène un cheval ordinaire. Ces montures incarnent un génie de la mort qui emmène les guerriers désignés par le destin vers l'Au-delà.

Dans l'évolution des croyances, le démon hippomorphique de la mort subit fréquemment une anthropomorphisation et devient cavalier. La mort personnifiée apparaît alors sur un cheval squelettique ou d'un blanc livide, plus ou moins fantôme, une image qui se répand largement à la fin du Moyen-Âge. La soudaineté du trépas a peut-être sa part dans la construction de ce motif. À l'origine cependant, la mort ne tue pas, elle accueille, et si elle vient parfois chercher ses hôtes, elle les attend le plus souvent dans son royaume. Ce sont surtout ses messagers qui agissent, parfois à cheval, comme les valkyries, ces messagères d'Odin dont le nom même indique qu'elles choisissent les guerriers qui doivent mourir au combat.

L'association du cheval aux forces inextricables de la création et de la destruction se reflète largement dans les œuvres d'art des peuples de l'Eurasie. Le cheval y incarne momentanément la vie des puissances élémentaires et du cosmos, scandée par l'alternance de la nuit et du jour, de la Lune et du Soleil, de la mort et de la vie. Une figure résume le symbolisme du cycle vital dont le cheval est l'incarnation : celle de la gorgone Méduse, divinité primordiale effrayante certes, mais aussi figure d'une déesse mère. Dans la *Théogonie* d'Hésiode, le corps de jument de Méduse est fécondé par Poséidon qui a pris l'apparence d'un étalon, et lors de sa décapitation par le héros Persée, son sang répandu donne naissance au cheval ailé Pégase ainsi qu'au héros Chrysaor. Ainsi, dès l'origine du monde, le cheval est intimement lié au cycle mort/renaissance.

*Agnès Galletier : Le cheval n'est-il pas également une image du désir sexuel ?*

*Marc-André Wagner :* Image de la virilité brutale, mais aussi de la volupté féminine, le cheval épouse en effet toutes les formes du désir. Par sa vitalité, il est une incarnation de l'énergie sexuelle. C'est sous la forme d'un cheval que Poséidon s'unit à la gorgone Méduse, et c'est aussi, selon Pausanias, en prenant l'apparence d'un étalon qu'il conquiert Déméter. Il s'agit sans doute d'un archétype indo-européen, car la mythologie de l'Inde védique connaît une histoire similaire, dans laquelle Vivasvant (le Ciel divinisé) qui poursuit la déesse Saranyû déguisée en cavale, finit par s'incarner en étalon pour la rattraper et la saillir.

Le cheval est associé à la puissance du désir jusque dans sa dimension monstrueuse (l'*hybris* des Grecs) avec les centaures. Particulièrement portés sur les femmes et la boisson, dont la vue ou l'odeur déclenche chez eux d'irrépressibles désirs, les centaures descendraient d'Ixion, un roi admis à la table des dieux qui s'enflamma pour la déesse Héra, l'épouse de Zeus. Tous les mythes présentent les centaures comme des êtres brutaux, lubriques et intempérants. Moins furieusement sensuel que les centaures, le cheval « ordinaire » est lui aussi très fréquemment associé dans la psyché à la sexualité et à l'érotisme, dans la poésie comme dans le langage courant.

*Agnès Galletier : Le cheval n'est donc pas toujours associé à des archétypes positifs ?*

*Marc-André Wagner :* Les archétypes symboliques du cheval sont le plus souvent ambivalents : l'image érotique du cheval est d'une sensualité tour à tour brutale et apaisée, son rôle de conducteur des morts est tantôt protecteur, tantôt diabolique… Sans parler des chevaux monstrueux de la mythologie, comme les quatre juments anthropophages du roi de Thrace Diomède, chargées de dévorer les étrangers abordant les rivages de son pays.

Le rôle de passeur entre les mondes (celui du cheval psychopompe) a connu une réinterprétation cléricale dans laquelle l'animal est totalement inféodé aux forces sataniques. Vers la fin du Moyen-Âge et dans les siècles suivants, qui virent culminer la chasse aux sorcières, les clercs inventent l'idée d'un rassemblement de « sorcières » en un lieu précis, pour une « messe noire » : c'est le « sabbat ». Pour rejoindre ces réunions, les magiciens utilisent divers ustensiles ou animaux pour une « chevauchée sabbatique ». Le cheval intervient de façon réelle ou symbolique dans ces transports diaboliques. Les artistes du mouvement romantique feront de la chevauchée vers le sabbat un thème de prédilection. La « course à l'abîme » des « deux noirs chevaux » de Méphistophélès a été mise en musique notamment par Berlioz, et Delacroix l'a immortalisée dans ses dessins.

*Agnès Galletier : Quels rôles ces mythologies équestres exercent-elles ? Nous rassurent-elles ? Nous aident-elles à donner du sens à la vie et au monde qui nous entoure ?*

*Marc-André Wagner :* Comme toutes les mythologies, celles qui entourent le cheval parlent des hommes et reflètent leurs idées et leurs croyances. Au sens strict, un mythe est un récit qui fonde un rite ; de ce point de vue, il serait difficile de trouver aujourd'hui des pratiques religieuses, politiques ou sociales se référant par exemple directement aux centaures ou à des chevaux ailés. Mais il est certain que l'idée générale souvent contenue dans ces récits mythiques, l'appel à la domination des instincts, reste un fondement de notre culture. Les mythologies équestres n'ont rien de rassurant, elles peuvent en revanche nous fournir des clefs pour réfléchir et agir.

*Agnès Galletier : Quelle place le cheval occupe-t-il dans notre imaginaire aujourd'hui ?*

*Marc-André Wagner :* Cette place est certainement plus importante et plus complexe que celle des autres animaux. Le plus souvent l'image actuelle du cheval est très positive : cet animal incarne notamment la beauté, la vitesse, la noblesse d'allure et de cœur ; son érotisme est manifeste. Tous ces éléments expliquent son emploi régulier dans la publicité par exemple. Plus révélatrice encore de cette importance est la fréquence dans notre vocabulaire d'expressions empruntées à l'univers du cheval (ou de l'équitation). Elles sont loin d'être toujours positives – voir par exemple « la rosse » –, mais elles reflètent principalement des qualités ou caractéristiques de l'animal, ombrageux, fier, nerveux, etc. – voir « ruer dans les brancards », « piaffer d'impatience » –, transposées à l'homme. Car la fonction symbolique du cheval est celle d'un véritable double de l'homme.

*Agnès Galletier : Quel rôle occupent les chevaux dans votre vie ?*

*Marc-André Wagner:* On ne consacre pas par hasard plusieurs années de sa vie à des recherches sur les « cultes du cheval » dans l'Europe ancienne. Au-delà de l'équitation, qui m'a beaucoup apporté, j'aime les chevaux pour leur beauté et leur caractère fantasque. J'aime les voir et sentir leur odeur, qu'il s'agisse d'une jument ardennaise et de son poulain dans un pré ou de cracks au rond de présentation d'un champ de courses ; bref, les chevaux sont une composante majeure de ma vie.

## Guillaume Antoine

Instructeur d'équitation BFEE3, successivement entraîneur, enseignant, formateur puis dirigeant d'entreprises équestres, Guillaume Antoine est le cofondateur, avec Gérard Dorsi, en 1999, du concept Horses and Coaching décliné en séminaires ayant pour but l'efficacité managériale et le développement personnel grâce au cheval.

*“Le cheval interpelle notre cohérence interne.*
*Il nous force à entretenir un juste rapport à l'autorité.*
*Je veux dire par là qu'il conduit à réfléchir,*
*à s'interroger pour créer une coopération*
*productive entre deux individus.”*

*Agnès Galletier : Comment vous est venue l'idée d'utiliser le cheval pour aider les managers ?*

*Guillaume Antoine :* Horses and Coaching est né de ma réflexion conjointe avec Gérard Dorsi, instructeur lui aussi, sur les diverses utilisations possibles du cheval. Ayant constaté, toute notre carrière, que la relation de l'homme au cheval semblait génératrice d'équilibre, du moins pour le premier, il nous est vite apparu que les principes équestres pouvaient se décliner tant dans la sphère personnelle de l'individu que dans sa sphère professionnelle, dans la mesure où ces principes relèvent des fondamentaux de la relation à l'autre. De plus, l'organisation sociale d'un troupeau de chevaux est identique à celle d'une entreprise. Chacun détient une compétence indispensable à la survie du « groupe ». Le fonctionnement du groupe est fondé sur le respect de règles, de rituels et de territoires, faisant appel à un mode de communication non verbale.

Hiérarchie et délégation dans la vie du troupeau permettent l'augmentation de son niveau de performance en assurant à la fois le bien-être de l'individu, mais également la cohésion sociale de l'ensemble, tout

comme dans une équipe en entreprise. Nous avons soumis nos réflexions à des spécialistes de l'humain (psychologues, coaches, consultants, responsables de ressources humaines) et forts de leurs encouragements nous avons élaboré des programmes destinés à mettre le cheval au service des problématiques relationnelles. Nous avons bâti des offres de formation à l'attention du secteur de l'entreprise et plus particulièrement en direction des managers.
Aujourd'hui, nous en sommes à la septième année d'exploitation et nos références clients parlent d'elles-mêmes.

*Agnès Galletier: Quel rapport y a-t-il entre relation au cheval et management?*

*Guillaume Antoine:* Le mot « management » tire ses racines du latin « *manu agere* » signifiant « conduire par la main ». Il devient, dans les académies équestres de la Renaissance, *managiere*: littéralement « emmener son cheval au manège ». Comprenez par là « préparer sa monture au travail » et plus encore « créer les conditions préalables et favorables à une collaboration entre le cheval et l'écuyer ». Le terme « management » est aujourd'hui employé, principalement, au sein du monde de l'entreprise et désigne l'art de diriger, de conduire des hommes. Pendant longtemps, l'équitation s'est imposée dans le cursus éducatif que tout gentilhomme se devait de posséder. En effet, l'analogie entre la conduite du cheval et celles des hommes était apparue très clairement aux écuyers dont la charge consistait à enseigner l'art de l'équitation aux puissants de ce monde. C'est ainsi que les traités d'équitation figureront en Occident parmi les premiers manuels de management !

*Agnès Galletier : Et aujourd'hui, que peut provoquer le cheval sur des managers modernes ?*

*Guillaume Antoine :* Le cheval interpelle notre cohérence interne. Il nous force à entretenir un juste rapport à l'autorité. Je veux dire par là qu'il conduit à réfléchir, à s'interroger pour créer une coopération productive entre deux individus. Si vous versez dans l'autoritarisme, vous allez obtenir de l'obéissance mais pas d'adhésion au projet. Avec un cheval, cela se traduit par le fait que l'animal va vous craindre, mais tout faire pour échapper, se soustraire à vos demandes car elles lui procurent une gêne, un inconfort, voire du stress pur. Si vous êtes laxiste, incohérent, mitigé, il n'y aura ni motivation de son côté, ni prise de responsabilité de votre part. Le projet, au sens « ce que je propose que nous fassions ensemble », restera flou et donc inintéressant pour le cheval. Il se détournera rapidement de vous pour vaquer à ses occupations propres. Le cheval nous pousse donc, de par son comportement en réponse à nos demandes, à trouver la « juste et bonne » autorité. Juste au sens de bien dosée et bonne car elle est au service d'un projet commun dans lequel chacun trouve son compte. Pour le cheval, cette juste et bonne autorité est plus qu'acceptable. Elle est naturelle pour lui. Il trouve son compte dans le fait qu'un humain se place face à lui et demande quelque chose, pourvu que cela soit adapté à ses aptitudes et que la demande soit intelligible pour lui. À partir de là, il nous perçoit comme un leader, quelqu'un qui prend une responsabilité à son égard et le protège. Si le cheval obtient ce cadre favorable pour « travailler », il donne le meilleur de lui-même, avec une générosité, une immédiateté, une spontanéité touchantes. Mais cela présuppose que le leader soit parvenu à prendre sa juste place, prouver sa légitimité, proposer un objectif clair, réalisable, dans le cadre d'une coopération, d'une collaboration sereine, positive.

Au contact du cheval, nous sommes tout de suite plongés dans la problématique de base du management : « Comment puis-je créer une relation de collaboration de qualité ? » J'aime particulièrement la phrase de M. Chapuis, professeur de psychologie du sport à l'université de Tours : « De la qualité des liens relationnels dépend l'efficacité opérationnelle. » De notre capacité à créer des liens relationnels avec le cheval dépend toute l'efficience de la future collaboration. Et côté efficacité opérationnelle, le cheval en a long à nous apprendre ! Ne serait-ce que parce qu'il est parvenu à rester en vie depuis cinquante-cinq millions d'années. En moyenne une espèce mammifère possède un « capital temps » de deux millions d'années – d'ailleurs, les hommes n'arrivent pas loin de ce cap… –, au terme desquelles soit elle mute, soit elle disparaît. Les chevaux ont multiplié incroyablement l'espérance de vie de leur espèce grâce à leur sens du relationnel mis au profit de l'opérationnel. Écoutons donc ce qu'ils ont à nous dire sur ce sujet !

*Agnès Galletier : Comment cela se déroule-t-il concrètement entre vos managers et les chevaux ?*

*Guillaume Antoine:* L'« expérience » à laquelle nous convions les managers consiste, après une prise d'information sur le cheval – son fonctionnement, sa vision du monde – puis une démonstration commentée de communication homme/cheval, à rentrer en relation avec un cheval, aux fins de créer des conditions favorables à une collaboration. Il n'est nul besoin d'être cavalier pour cela car nous travaillons à pied et à distance, sans attache du cheval, dans un enclos circulaire de 18 mètres de diamètre. Ce travail est accompagné et ne présente absolument aucune forme de danger car nous restons auprès des personnes, dans l'enclos, en cas de réaction imprévue du cheval. Je m'empresse de préciser que les chevaux ne sont pas dressés à cet effet. Ils nous sont inconnus dans la mesure où nous louons des infrastructures et des chevaux vivant sur place, le temps d'un séminaire. Cela présente un double avantage : d'une part la possibilité pour les équipes de Horses and Coaching d'enseigner dans des régions très variées et, surtout, c'est ainsi que chaque participant dispose d'un cheval totalement vierge de ce genre d'expérience. Il n'y a qu'à cette condition que l'on peut disposer d'informations non biaisées par des habitudes, des réflexes acquis. L'animal réagit en cheval et non en « outil » face à une situation nouvelle, face à quelqu'un de nouveau, le plus souvent totalement néophyte dans le domaine équestre. Cela donne toute la spontanéité et donc la valeur à cet échange.

Le séminaire se déroule en deux temps. D'abord un temps de diagnostic permettant de faire émerger les aptitudes de la personne au travail avec son cheval, comme les points de vigilance du mode de relation de l'individu. Vient ensuite un temps destiné à lever ces points de blocage par la mise en œuvre de situations adaptées. Ainsi, nous visitons les deux voies d'une « relation d'aide » : celle du diagnostic, de la réalisation des problèmes et celle de la préconisation expérientielle, qui va permettre au manager de trouver des voies d'amélioration, d'amendement de son relationnel auprès de ses équipes.

*Agnès Galletier : Et comment se fait la communication entre les deux ?*

*Guillaume Antoine :* Les chevaux ont entre eux une communication d'ordre essentiellement non verbal. Par bonheur, l'homme détient également ce patrimoine et les spécialistes estiment à près de 70 % la part de non-verbal dans la communication interhumaine. Il s'agit donc de redonner toute sa part à ce mode de communication ancestral et pour autant toujours d'actualité. Mais la communication n'est pas une finalité, juste un moyen, permettant d'exprimer un message, une intention. Ainsi, pour se faire admettre comme référent, l'homme placé au centre du cercle va devoir dispenser au cheval un certain nombre de consignes : la distance que le cheval va devoir respecter vis-à-vis de l'homme, la direction que le cheval doit prendre, la vitesse à laquelle il doit aller. C'est au travers de la façon de communiquer ces consignes que le manager va parvenir à créer (ou non) un climat de confiance propre à une collaboration.

C'est la première phase de l'expérience où chacun peut mettre à l'épreuve, face aux réactions suscitées chez le cheval, sa cohérence, sa volonté réelle, sa capacité d'écoute, d'adaptation, etc. Au terme de ce premier passage, aptitudes et points de progrès sont mis en évidence. Les passages suivants vont servir, en créant des situations adéquates, à lever les freins et à « gommer » ces points de vigilance. Telle personne manquant d'assertivité se trouvera face à un cheval de tempérament apathique, telle autre manquant de tempérance travaillera avec un cheval extraverti, de façon à trouver le point où la demande, la sollicitation est recevable par le cheval. Notons que cet « exercice » se réalise également à deux ou plus et permet alors de travailler sur les problématiques afférentes à la dynamique et à la cohésion des équipes.

*Agnès Galletier: Comment le cheval peut-il être aussi réactif face à vos stagiaires ?*

*Guillaume Antoine :* Le cheval a une acuité remarquable. Il perçoit immédiatement tous les signaux faibles émis inconsciemment par l'homme tels que tension des mâchoires, nervosité des mains, odeur dégagée, hésitation dans la voix ou dans un geste. Ce sont eux qui révèlent la réalité de nos intentions. En quelques minutes, le cheval sait à qui il a affaire, quelles sont la personnalité et la problématique de la personne en face de lui. Il représente un miroir qui reflète une image authentique de nous-même, en temps réel. Non seulement il nous perçoit très finement mais en plus, il nous renvoie en direct, instantanément, nos propres comportements. Si nous avons peur, que nous sommes tendus, il l'est aussi. Si nous sommes en confiance, sereins et à l'écoute, il va faire de même. Cet être exigeant, du moins sur le plan relationnel, nous rappelle, avec une immense bienveillance – car sans jugement –, nos points d'achoppement, ceux que nous avons chevillés au corps et à l'âme depuis parfois très longtemps et qui nous bloquent souvent tant dans le domaine professionnel que dans nos vies personnelles.

*Agnès Galletier : C'est vrai pour toute personne à son contact, mais pour le manager, qu'est-ce que cela implique ?*

*Guillaume Antoine :* Le manager est censé être à l'initiative d'un projet commun et se porter responsable de sa bonne fin, de son exécution. Il a une force de proposition qui le place en leader, exactement comme dans une équipe d'humains. Sauf que le cheval, lui, n'a pas d'attente, pas de projection et encore moins de peur du jugement, du rejet ou du licenciement ! De ce fait, il se trouve face au manager dans la position de celui qui interroge : « Dis-moi ce que tu veux, ce que tu proposes et... si tu l'exprimes correctement, je vais voir ce que je peux faire ! » On travaille en plein sur la relation managériale dont la clef de voûte est la capacité à faire entrer l'autre dans un projet commun, non pas par l'établissement d'un rapport de force mais par la mise en œuvre d'un rapport de responsabilités respectives.

*Agnès Galletier : Pourquoi le cheval plus qu'un autre animal ?*

*Guillaume Antoine :* D'abord parce qu'il est une proie. Nous, humains, entrons dans la catégorie des prédateurs, comme les chiens, et même de supraprédateur puisque nous avons le pouvoir de vie et de mort sur l'ensemble du vivant. Chez le prédateur, dans toute relation, le mode spontané d'échange à l'autre est sous-tendu par une pulsion de mort. Il y a toujours, même latent, un rapport dominant/dominé, justifié par la capacité que l'un a de terrasser l'autre, physiquement, psychologiquement, économiquement, etc. On entend souvent « je vais le tuer », « j'aurai sa peau » ou au contraire « il me tue ce type », au sens figuré bien sûr... Mais c'est tout de même éloquent ! Chez les proies, dans l'exercice de l'autorité, il n'y a pas de volonté de terrasser l'autre. Chacun doit rester à sa place et l'on est prêt à se battre pour cela. Mais cette idée de place dans le groupe sous-tend davantage une coopération qu'une soumission. Le plus étonnant est que le cheval a parfaitement conscience que nous sommes un prédateur. Mais un prédateur qui se contrôle, qui sait maîtriser ses pulsions pour considérer l'autre autrement que comme une proie. Nous sommes d'ailleurs la seule espèce capable de se projeter dans le système d'une autre espèce et d'adapter son comportement de façon à établir une coopération. Nous sommes également, à ma connaissance, la seule espèce dotée d'une conscience aussi étendue nous permettant d'être observateurs de nous-même. C'est d'ailleurs je crois la raison pour laquelle l'homme édicte des lois : pour lutter contre les débordements dont il se sait capable ! Les animaux peuvent coopérer entre eux mais sans un tel ajustement du comportement. Ils restent avant tout eux-mêmes, dans un comportement instinctif, atavique. Le cheval perçoit notre capacité à devenir un partenaire et non un ennemi. Il nous observe, s'adapte rapidement, et se montre même capable de nous accorder une réelle confiance pourvu que nous trouvions le chemin pour s'en montrer digne !

*Agnès Galletier : Comment vos stagiaires perçoivent-ils les chevaux ?*

*Guillaume Antoine :* Bien sûr avec une certaine appréhension. La plupart ne les ont pas fréquentés du tout, d'autres ont plutôt de mauvais souvenirs. Ils sont effrayés à l'idée d'être confrontés à cette grosse bête et craignent surtout de ne pas maîtriser la situation. Il me faut vraiment expliquer le monde, le fonctionnement de cet animal, avant de les mettre en contact. En entrouvrant leurs esprits sur ce qu'est un cheval et comment il fonctionne, je parviens à abaisser le seuil d'appréhension et, une fois en réel face-à-face, les barrières tombent très vite. Devant l'animal, les stagiaires sont à l'écoute, respectueux et du coup, une « conversation » peut s'établir rapidement. Il faut dire que le cheval nous interpelle profondément, sa présence n'est jamais anodine. L'homme a domestiqué cet animal il y a maintenant 4 500 ans et chacun sait, ressent très bien que l'essentiel des civilisations s'est construit avec lui, sur son dos ou grâce à sa force. Le cheval a changé notre perception des distances, de la vitesse, de la puissance… que nous exprimons d'ailleurs toujours en « chevaux ». Bref, il a changé notre perception du monde ! Vous remarquerez qu'un cavalier est toujours respecté, car grandi physiquement mais aussi auréolé d'une gloire ancestrale, celle des chevaliers, des épopées fantastiques, des conquêtes mythiques. De ce fait, l'a priori sur l'animal lui-même est toujours positif. Ce que les personnes néophytes ne savent pas en revanche, c'est que le cheval peut être aussi utile dans notre développement personnel. Auparavant, lorsque le « cheval-moteur » n'existait pas et que nous étions en permanence au contact de ces animaux, la bienfaisance de leur présence était implicite, distillée au quotidien, l'air de rien. Désormais, au temps du « cheval-loisir », la dimension psy de l'équitation est acceptée, reconnue même puisqu'il existe officiellement de l'équithérapie.

*Agnès Galletier : Quel genre de problèmes vos stagiaires peuvent-ils rencontrer dans le travail avec les chevaux ?*

*Guillaume Antoine :* Exactement comme dans l'entreprise, ils ont souvent tendance à vouloir réussir l'exercice, atteindre l'objectif à tout prix et oublient la dimension relationnelle pour y parvenir. Tant qu'ils restent bloqués dans cette attitude, l'échange ne peut fonctionner avec le cheval, tout comme avec leurs équipes ! L'autre problème couramment rencontré est l'incapacité à savoir écouter, observer l'autre. Et bien sûr le prendre en compte. Ainsi, le cheval peut avoir cédé à la demande, mais le manager poursuit sa pression, sans relever les informations qu'envoie le cheval, sans même se rendre compte ou du moins sans prendre en compte le fait que l'autre a réalisé un effort pour lui répondre. La difficulté à lâcher prise, à être disponible, dans l'immédiateté, à ce qui se passe devant leurs yeux est fort bien illustrée dans l'interaction avec un être aussi fin et réactif que le cheval.

Certaines personnes, au contraire, ont beaucoup de mal à s'imposer, à dire non, à être directives. Du coup le cheval en profite pour faire ce qu'il veut. Autre problème souvent soulevé : la capacité à exprimer des messages clairs, à énoncer une demande, sans ambiguïté. Tant que ce n'est pas le cas, le cheval ne donne pas lui-même la bonne réponse. Lui aussi « tourne autour du pot ». Certains enfin ne savent pas déléguer, faire confiance, ce qui se traduit par un interventionnisme trop grand auprès du cheval. Ceux qui savent déléguer et accompagner leurs équipes sentent généralement que le cheval ne doit pas être soumis à une pression constante mais au contraire doit être autonome dans la tâche qu'on lui a confiée. Il suffit d'être vigilant et bienveillant, sans chercher à le coincer. Tout comme il le fait avec nous !

La plupart des difficultés rencontrées dans la relation à l'autre, prennent une nouvelle dimension face au cheval et peuvent ainsi être identifiées. Prendre sa place, cultiver la nuance mais pas la compromission, aller au bout de ses exigences sans pour autant tomber dans l'acharnement sont autant de problématiques que nous abordons couramment. Ce qui est bénéfique pour les stagiaires, c'est que le cheval les renvoie immédiatement à ces blocages, par un effet miroir. Ils peuvent, par le biais d'un animal, donc sans se barricader dans leurs défenses habituelles, être confrontés aux comportements qui occasionnent d'innombrables soucis dans leur vie de manager. Et dès qu'ils font l'effort d'adapter leur demande, leur attitude, l'animal renvoie immédiatement qu'ils sont maintenant dans le juste, que cela marche s'ils s'y prennent ainsi. « C'est possible alors ? », « Ça marche ! » disent-ils souvent, aussi étonnés d'eux-mêmes – d'avoir pu proposer un autre fonctionnement – que du résultat instantanément engendré. Cette prise de conscience, souvent soudaine, un peu brutale, les émeut en profondeur. Elle les secoue car elle touche aux fondamentaux de leur être. Il s'agit d'un choc autant émotionnel, viscéral, qu'intellectuel. Les personnes repartent souvent en disant qu'elles ne seront plus jamais les mêmes. Et je pense que c'est vrai. La prise de conscience est telle que le phénomène est irréversible. Mais secouer les personnes émotionnellement n'est pas un but en soi. L'objectif est de les amener à améliorer leurs performances de managers. Pour cela, il faut bien sûr un débriefing constructif puis un accompagnement de type coaching pour aider la personne à appliquer concrètement ce qu'elle a pu comprendre auprès du cheval. Elle doit être aidée pour trouver toutes les applications, les modes opératoires, afin que ce changement intérieur puisse transparaître au quotidien.

*Agnès Galletier : Et le cheval, a-t-il « conscience » de ce qui se passe chez le cavalier ?*

*Guillaume Antoine :* Oui, le cheval possède la capacité de « lire » notre état intérieur, donc la réalité de ce que nous sommes et de ce qui se produit en nous-même. En tout cas, il se rapproche de la personne lorsque ses défenses tombent, quand il y a un lâcher-prise. Pendant quelques minutes, ces personnes se replient un peu sur elles-mêmes, présentent une vulnérabilité et c'est là que l'animal se montre le plus proche, physiquement. Il se tient à leurs côtés, paisiblement, et attend. D'ici à imaginer qu'il s'agit de sollicitude, je ne le crois pas. Je pense plutôt qu'ils se sentent en confiance, qu'ils perçoivent l'effet d'apaisement, de réparation intérieure qui se produit alors chez la personne. En tout cas, à ce moment-là, il est clair pour tous que la séance est terminée, que l'objectif est atteint. Peut-être, dans ce projet initial de collaboration homme/cheval, l'animal savait-il mieux que le stagiaire, ce qui allait se passer…

*Agnès Galletier : Pourquoi, selon vous, le cheval a-t-il un effet si bénéfique ?*

*Guillaume Antoine :* Parce qu'il ne nous juge pas. Il nous remet face à nos responsabilités, à notre réalité, mais sans a priori, sans nous en vouloir de ce que nous sommes ou ne sommes pas. De plus, il est toujours prêt à réviser la relation qu'il entretient avec nous. Si vous changez d'attitude, il change instantanément la sienne. Peu d'humains seraient capables d'une telle adaptation, d'une telle confiance dans notre capacité à nous amender. Le cheval ne nous tient pas rigueur de nos erreurs, ne nous fait pas payer quoi que ce soit, ne se venge pas. Sa vigilance n'a d'égale que sa bienveillance. Ce qui est doublement désarmant pour un humain. Il nous ramène à une vérité première, à savoir : la confiance ne se décrète pas, pas plus qu'elle ne s'achète. Elle se construit, s'entretient et une fois acquise, elle est source de performance.

*Agnès Galletier : Que vous apportent les chevaux, personnellement ?*

*Guillaume Antoine :* Je suis convaincu que les chevaux sont encore là, en tant qu'espèce, pour aider l'homme à devenir meilleur, pour le grandir, au sens propre et figuré. Le cheval élève nos âmes et les porte à un sentiment de plénitude, d'apaisement, de lucidité. Bien sûr, il y a aussi la philosophie et la religion qui aident à cela, mais les bienfaits du cheval sont immédiats, accessibles à tous et touchent l'être humain au plus profond de lui-même, pas seulement sur un plan intellectuel, cognitif. Les chevaux m'ont permis de me connaître et de m'accepter. La cohérence, que dis-je, la congruence qu'ils exigent de nous est réellement facteur de grandissement. C'est la raison pour laquelle nous nous sommes lancés, confiants, dans cette aventure Horses and Coaching. Nous étions certains de pouvoir apporter notre petite pierre à l'édifice du développement personnel, en allant dans le sens de l'efficacité individuelle conjugué à celui de l'harmonie collective, grâce aux chevaux.

# Remerciements

Tout d'abord, je tiens à remercier vivement Jean-Louis Gouraud qui a tout de suite adhéré à ce projet d'enquête sur les bienfaits du cheval. Il m'a soutenue et laissé la plus grande liberté pour mener ce livre à bien. D'autres se seraient montrés méfiants, dubitatifs à l'égard d'un sujet que seuls de véritables cavaliers peuvent comprendre. Merci donc à l'éditeur passionné, à l'homme de cœur et au cavalier inspiré.

Merci ensuite aux personnes qui ont accepté le pari de l'entretien sur un sujet si vaste, si subjectif, si personnel, intime même. Toutes m'ont accordé une grande disponibilité, une totale ouverture d'esprit et surtout beaucoup de cœur, de sincérité, de profondeur. Merci à chacun d'entre vous qui portez chaque jour, dans vos activités, auprès de vos publics, l'espoir d'une prise de conscience pour une coopération toujours plus fructueuse entre l'homme et le cheval.

# BIBLIOGRAPHIE

*dans l'ordre des entretiens*

**Isabelle Claude**

*Le cheval, miroir de nos émotions*, Bordeaux, D.F.R., 2007.

**Christelle Pernot**

*Initiation au shiatsu pour chevaux*, Paris, Belin, 2004.

*Zen Shiatsu, chevaux et spiritualités,* s. l., Éditions Maître du Cœur, 2007.

**Frédéric Pignon**

*Templado, la star en liberté*, Paris, Belin, 2002.

*Au galop vers la liberté*, Paris, Belin, 2010.

**Martine Laffon**

*Petite philosophie du cheval*, Paris, Milan, 2009.

*Le Cheval passionnément*, Paris, La Martinière Jeunesse, 2009.

*L'Esprit animal* (avec Caroline Laffon), Paris, Le Seuil, 2006.

*Pépé Biaï et l'île au cheval*, Paris, Le Seuil, 2004.

*Fou du vent*, Paris, Bayard Jeunesse, 2001.

*La dame qui aimait trop les chevaux*, Paris, Le Seuil Jeunesse, 2000.

**Yves Grange**

*De la Guérinière, écuyer du roi et d'aujourd'hui ?*, Actes du quatrième colloque de l'École nationale d'Équitation.

*Les arts de l'équitation dans l'Europe de la Renaissance*, Actes du sixième colloque de l'École nationale d'Équitation.

**Éric Ancelet**

*Hippothèses (livre I) – Se nourrir... Être nourri... – Réflexions sur la diététique équine*, s. l., Association Cheval Libre, 1998.

**Marc-André Wagner**

*Le cheval dans les croyances germaniques. Paganisme, christianisme et traditions*, Paris, Éditions Honoré Champion, 2005.

*Dictionnaire mythologique et historique du cheval*, Monaco, Le Rocher, 2006.

*Le Cheval dans l'art* (en collaboration), Paris, Citadelles et Mazenod, 2008.

**Guillaume Antoine**

*Équitation : une affaire de comportement*, Paris, Belin, 2006.

*Débourrage : l'école du cheval*, Paris, Belin, 2009.

*Chevaux en difficulté : diagnostic et préconisations*, Paris, Belin, 2010.

# Table

CHEVAL
CHEVAUX

*collection dirigée par*
*Jean-Louis Gouraud*

DANS LA MÊME COLLECTION

Sherwood Anderson
LES CHEVAUX DE L'ADOLESCENCE

Adnan Azzam
À CHEVAL ENTRE ORIENT ET OCCIDENT

Laurence Bougault
CHEVAUX ENTIERS ET ÉTALONS

Kay Boyle
LE CHEVAL AVEUGLE

Ángel Cabrera
CHEVAUX D'AMÉRIQUE

Astolfo Cagnacci
CHEVAUX EXTRAORDINAIRES

Mayeul Caire
GAGNANT !

Collectif
HISTOIRES D'AMOUR (ET DE CHEVAUX)

Nelly Davis
JOCKEY, NOIR ET CÉLÈBRE

Philippe Deblaise
GASPARD DES CHEVAUX
(Prix Pégase, 2004)
*
LES CHEVAUX DE VENAFRO
*
LE MANUSCRIT DE PIGNATELLI

Christian Delâge
FOU DU ROI
*
LA DERNIÈRE LIGNE DROITE

Antoinette Delylle
L'ÉQUITATION SENTIMENTALE

C. Virgil Gheorghiu
LES NOIRS CHEVAUX DES CARPATES

Jean-Louis Gouraud (et Compagnie)
« C'EST PAS CON UN CHEVAL, C'EST PAS CON ! »
*
SERKO *suivi de* RIBOY *et* GANESH
(Prix de l'Académie vétérinaire de France, 2006)

Don Höglund
CHEVAUX DE PERSONNE

Jan Krauze
LES CHEVAUX N'IRONT PAS EN ENFER

Bernard Mahoux

Mon cheval, ma femme et moi

Sophie Nauleau

Une anthologie de la littérature équestre féminine

Jean d'Orgeix

Mes victoires, ma défaite

Pierre Pradier

L'École des centaures

P. A. Quarantotti Gambini

Le Cheval Tripoli

Pascal Renauldon

Yves Bienaimé, l'écuyer-jardinier

Susan Richards

Choisie

Bernard Sachsé et Véronique Pellerin

Sur mes quatre jambes

Marion Scali, Jacques Papin, Adeline Wirth

« Le jour où les chevaux parleront… »

Philippe Thomas-Derevoge

Le Vizir, le cheval le plus illustre de Napoléon

Léon Tolstoï, Alexandre Kouprine, Carl Sternheim

Quand les chevaux parlent aux hommes

Aimé-Félix Tschiffely
DON ROBERTO

Marc-André Wagner
DICTIONNAIRE MYTHOLOGIQUE ET HISTORIQUE DU CHEVAL

Adeline Wirth
CHEVAL DE CŒUR
*
PALEFRENIÈRE

Revue *Cheval Chevaux*
DANS LA MÊME COLLECTION

Numéro 1 : *L'équitation, une passion puérile ?*
rédacteur en chef : Jean-Louis Gouraud.

Numéro 2 : *Le cheval, animal féminin ou masculin ?*
rédacteur en chef : Chérif Khaznadar.

Numéro 3 : *Pour l'amour du cheval of course !*
rédacteur en chef : Christophe Donner.

Numéro 4 : *Pur-sang et sangs impurs*
rédacteur en chef : Axel Kahn.

Numéro 5 : *La musique du cheval*
rédacteur en chef : Stéphane Béchy.

Composition et mise en pages réalisées par
Compo 66 – Perpignan
133/2010

Éditions du Rocher
28, rue du Comte-Félix-Gastaldi
98000 Monaco
www.editionsdurocher.fr

Achevé d'imprimer en novembre 2013

*Imprimé en France*
Dépôt légal : novembre 2013
N° d'impression : 311180